老後資金・退職金運用・
豊かな生活資金に！

“総額800万円”からできる！

激安
中古アパート
投資術

元サラリーマン大家
脇田　雄太

まえがき

本書をご覧いただきありがとうございます。

著者の脇田雄太です。

私は17年前、20代のサラリーマン時代に不動産投資を始めました。現在は100室を超える大家業を中心に、不動産投資を始めたい方に向けたサポート事業もおこなっております。

所有する物件の多くは、地方の築年数が古い中古アパートや中古戸建です。試行錯誤を繰り返しながらも、直近の家賃年収は5000万円、手取りは4000万円を超えました。

所有物件はほぼ長崎なのですが、住まいは大阪ですので遠隔投資となります。ですが、15年以上かけて、物件探しから満室経営までを仕組み化したことで、大きなトラブルやストレスもなく、順調に資産を増やすことができています。

私が不動産投資を始めた当時は、融資を引いて数千万円のアパートや1億円を超える一棟マンションへ投資するやり方が王道とされ、地方の激安物件を狙う手法は、どちらかというとトリッキーな扱いでした。

しかし、時代は変わりました。普通の会社員がフルローンを引ける時代は終わり、中古不動産投資では頭金2割は当たり前、初心者がいきなり都市部で一棟物を買うことのハードルは高くなりました。

その一方で、全国的な空き家問題がニュースになるなど、市場には築古戸建ての流通量が増え、地方の激安戸建投資は、すっかり不動産投資の手法として市民権を得るに至りました。

私自身も、高利回りが狙える築古戸建投資に魅了されたうちの一人です。

私はこれまでに著書を16作執筆してきましたが、その多くが長崎の中古戸建投資に関する内容でした。「5万円以下で中古のボロボロ物件を購入してはじめる」をテーマに、地方（長崎）でできるだけ少額の物件を探し、新築に見劣りしない長持ちさせるリフォームを推奨してきました。ボロ戸建投資についてアドバイスする機会も多かったです。

しかし、世界でインフレ基調が強まったここ数年、読者の方からの相談の内容に変化がありました。ある程度自己資金がある方から、アパート投資に関する相談が増えてきたのです。

確かに、戸建投資は堅実ではありますが、時間と一軒ずつのコストが割り増しになるのがネックです。

たとえば、家賃5万円の戸建てを4戸買うのと、家賃5万円の部屋が4戸あるアパートを一棟買うのとでは、物件探しにかかる時間やリフォームにかかる時間は戸建の方が何倍も多くかかってしまいます。

でも、「アパートは数千万円するし、融資も難しくなったとさっき言いましたよね？」と思った方もいると思います。

確かに、都市部のアパートはそうです。しかし、私が投資している長崎の中古アパートなら、リフォーム費用を含めても800万円以下で仕上げられるものが見つかります。

そんな私のアパート投資の手法を知り、「自分もやってみたい」という方が増えてきたというわけです。

このような中古アパート投資へのニーズに応えるために、今回、今まで書いてこなかった「中古アパート投資ノウハウだけ」の本を執筆することにいたしました。

「BTO（ビルトトゥーオーダー）」＝「脇田式　夢のアパートプラン」なら大家さん自身のペースで進められる

先ほど、アパートは戸建より予算が増えると書きました。部屋数が多いのですから当然です。

また、ある程度自己資金がある方がアパート投資に注目しているとも書きました。しかし、こちらについては補足があります。

実は、私がサポートをしている方の中で、「アパートオーナーになりたいが、今はあまり予算がない」「資金が充分ではないが、良いアパートが見つかった時に買っておきたい」という方も時々いらっしゃいます。

そんな方に私がお勧めしているのが、「ＢＴＯ（ビルトトゥーオーダー）」という、予算に合わせてリフォームのレベルや戸数を決めるやり方です。

たとえば、ある程度自己資金がある方からこんな問い合わせが増えてきています。

「株で増えたお金を現物資産に替えたい。脇田さんのように現金での不動産投資を始めたいが、本業が忙しくあまり時間が取れない。利回りは10％あれば十分なので、手間をかけず、安定的に経営できそうなアパートが欲しい」

「もうすぐ入る退職金を堅実に運用したい。何歳まで元気でいられるかわからないので、相続のことも考えるとなるべく早くはじめたい。できれば全てお任せできる投資先を探している」

また一方では、こんな相談もあります。

「スピード感を持って部屋数を増やすために、できるだけ利回りの高いアパートが欲しいが、予算が足りない。若くて体力も時間もあるから、自分でやれることはやっていく覚悟がある」

「既に不動産投資をおこなっているが、融資が厳しくなって次が借りられない。資産はこれからもどんどん殖やしていきたいので、これからは家賃収入や本業の給料を貯めて現金で物件を買っていきたい」

この人たちは同じように中古アパートに投資していますが、目的も予算も違います。つまり、その買い方や進め方は違って当然です。

前者の二人はアパートを買った後、しっかりとリフォームをして安定経営を目指す手法が向いています。

一方、後者の二人は予算に限りがありますから、アパートを買った後、一部屋ずつリフォームをして入居者を付けていくのが良いでしょう。

私はこのような最初に物件を買い、少しずつ直しながら家賃を増やす手法を「脇田式夢のアパートプラン」と呼んでいます。

良いアパートが出てきたら全力で買い、リフォームは自分のペースで行う。

全部一気にリフォームするよりは遅いけれど、戸建を一つ一つ買っていくよりはずっと速く資産を増やせる。

不動産投資を始めたい人の層が広がり、不動産投資の手法が多様化する中で、私は今後、このようなやり方がもっとメジャーになっていくような気がします。

付け加えると、私の不動産投資は基本的に融資を使いません。

アパートでもリフォーム代込で８００万円以内に収まるような物件が多いですし、私がリスクを好まない性格なので、大きな借金をしたくないのです。

融資を使う不動産投資と違い、現金買いの築古物件投資は、

「早く満室にして、ローンを返済しないと持ち出しになってしまう」

「すぐに埋めて銀行に報告しないと、次の融資を受けにくくなる」

というような心配がありません。

自己資金を使う代わりに、最初から最後まで自分のペースでやり方を決められる。それがこの手法の醍醐味といえると思います。

攻めの投資から守りの投資へとスタンスを変えたい人たち

現金での中古アパート投資は、既に不動産投資を始めていて、数億円の借金がある方に

も適しています。実は私自身が一棟目は約1億円の融資を受けて都市部の一棟マンションを買った人間です。

借金には少ない自己資金で不動産を買えるメリットがありますが、天災や事件事故など、不測の事態が起きれば返済が不能になり破綻するというリスクもあります。

心配性の私はそれが不安でした。ですから、現金買いの長崎の物件からの家賃収入が、借金の返済分を超えたときはとてもホッとしました。

そして、同じようにこれまでは借金派だったけれど、今後は攻めより守りを強化したい、借金のリスクをこれ以上増やしたくない、といった理由から、現金買いにスタンスを変える人たちが出てきています。

フルローンで立派なRCマンションを買った人たちが、現金を持って地方の中古アパートを買いに来るのは決して、理屈に合わない話ではないのです。

このように、投資家さんの資産背景や目的によって、様々な活用ができるのが長崎の中古アパート投資です。

本書はそんな様々な方たちに向け、地方の格安中古アパートを買い、高利回りかつ安定的な収入を得る方法をお伝えするものです。

東京や大阪の会社員の方で、この手法で資産を増やしている人も多くいます。実例も多く紹介したので、ぜひ読み進めて欲しいと思います。


ご存じの通り、全国の都市部で不動産価格は上がり続け、潤沢なキャッシュフローの出る物件を見つけることが難しくなっています。

しかし、長崎にはまだまだチャンスがあります。

本書ではリフォームで使っている部材の型番なども含め、私が実践する中古アパート投資の手法をできるだけわかりやすく紹介しています。

本書が一人でも多くの不動産投資を始めたい方、安定収入を得て人生を豊かにしたい方のお役に立てれば幸いです。

脇田 雄太

◆目次◆

第2章 サラリーマンには「少額現金・空室知らず」の地方・中古アパート投資が最適！

第3章 激安「地方・中古アパート物件」の探し方
～お宝物件情報は業者から入るとは限らない

第4章 買った後で後悔しない！ 地方・中古アパート購入時のチェックポイント

第5章 利回りアップの知恵！ 脇田流「コスパ重視リフォーム」術

第6章 満室経営への道！ 遠隔・地方・中古アパート「7つ」の管理術！

第7章 不動産投資逆風の時代をどう戦うか！

第1章

20棟116世帯を高稼働経営！私の地方・中古アパート投資実例

私は、中古アパートを20棟116世帯を所有しています。また、それ以上に中古戸建ても所有しています。

それぞれに良い面がありますが、アパート最大のメリットは、スピード感です。月50万円の家賃収入を目指す人が、家賃5万円の戸建てを10戸買うのと、月25万円の家賃が見込めるアパートを2棟買うのとでは、後者の方が速いのは明白です。

もちろん、まとまった資金がいるというハードルがありますが、それも買った後で少しずつリフォームを進めるなどの工夫を行うことでカバーすることができます。

ただし、アパートは一戸あたりの広さが戸建よりも狭く、作りも戸建に比べて安普請《やすぶしん》なことが多いなど、入居者さんから見た際の魅力が戸建との比較で劣る部分もあります。また、入居者は単身者が多いため、入居期間も短めな傾向があります。

そのため、アパート投資に取り組むならこれらのデメリットを補う工夫が必要です。

この章では、私のアパート投資の実例を紹介しますので、ぜひ参考にしてほしいと思います。

実例１

１K×６戸
↓広めの１K×４戸に改築した２００万円アパート
↓表層リフォームで利回り25％の優等生物件に

リフォーム560万円
利回り 約25%

私が買うアパートには、数年に渡って放置されていたものが多くあります。ここで紹介する物件もそのタイプでした。

私がサラリーマンと兼業で大家をしていた２０１０年頃、約30坪の土地に建つ１Ｋ×６戸の築古アパートを大手不動産売買サイトで見つけました。

入居者はゼロ。長く放置され荒れていました。しかし、長崎の中心地から近く、階段は２００段ほど上がるものの、賃貸需要は問題なさそうでした。

所有者の方は、「相続で引き継いだけど、自分はアパート経営に興味がないので、安くてもいいから売りたい」というお話でした。

「２００万円なら買います」と伝え、すぐに話がまとまりました。

しかし、買う前から気になることがありました。

3戸を2戸にして、1戸当たりを広くした

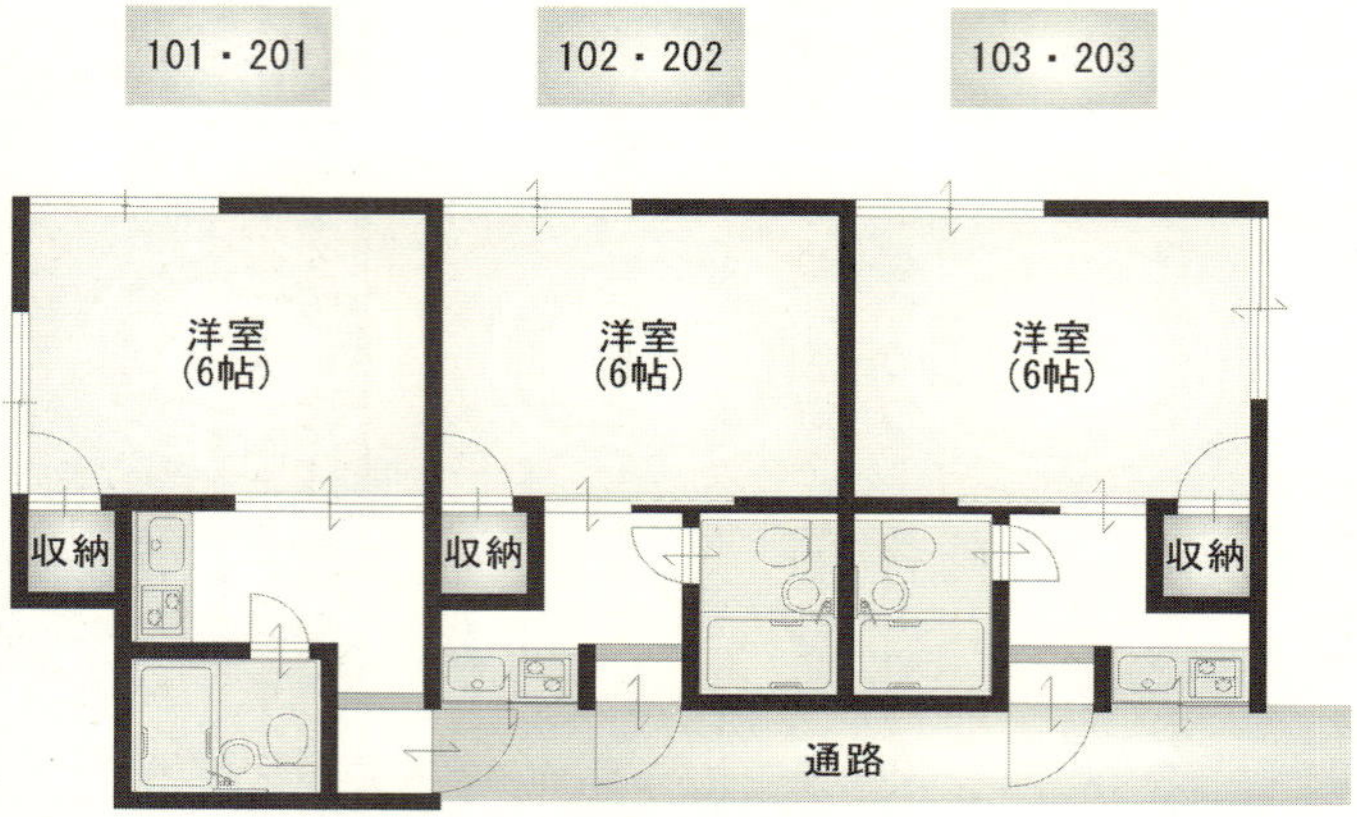

間取りビフォー

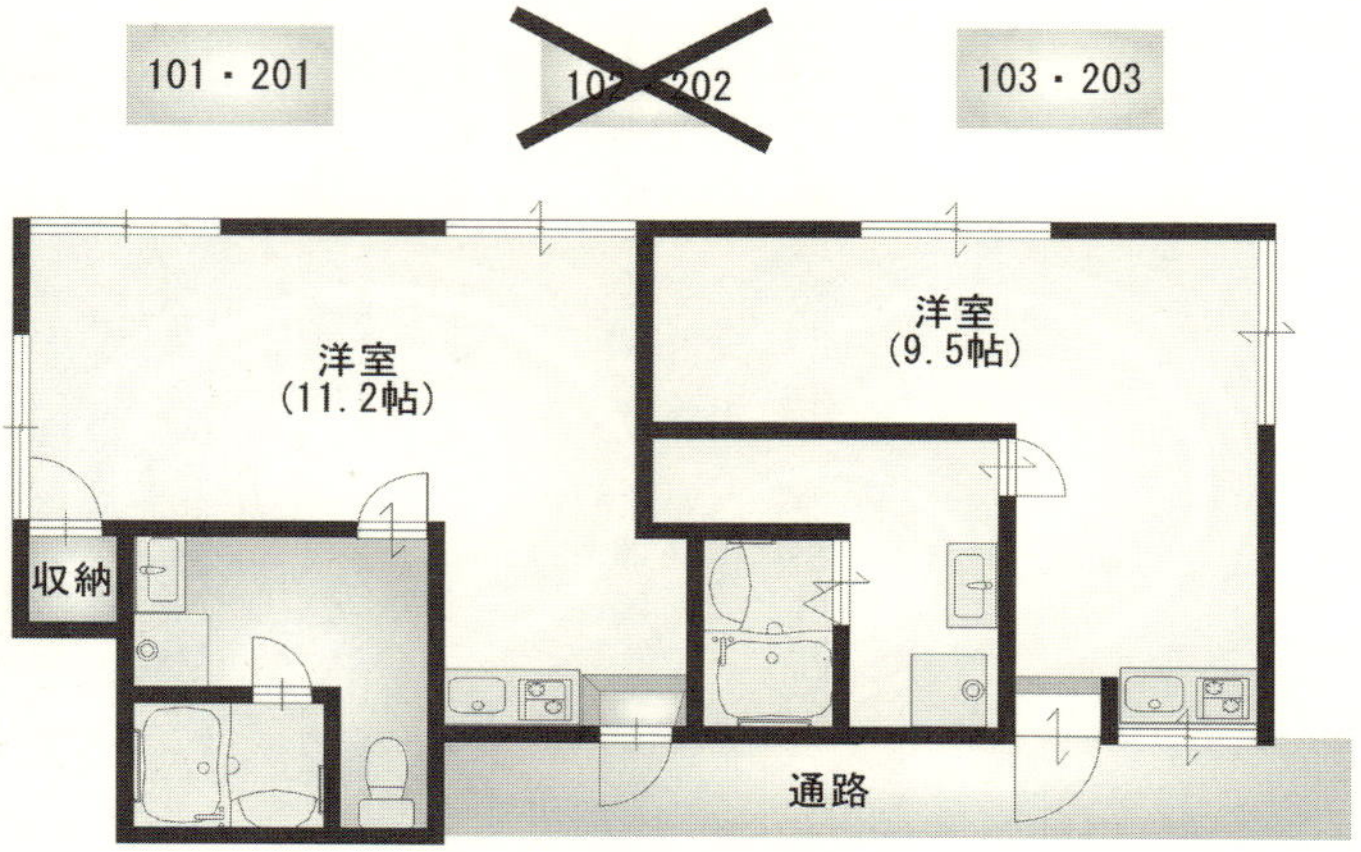

間取りアフター

6畳ほどの居室と小さな台所という単身向けの間取りのままでは、入居付けが難しいということです。

長崎に限らないと思いますが、賃貸市場には単身向けの物件が多く供給されており、普通にキレイにしただけでは埋もれてしまいます。

そこで、1K×6戸の物件を改築して、広めの1Kにすることにしました。1階に3戸、2階に3戸あるうちの真ん中の部屋を壊し、両側の部屋を広げる工事を行いました。

この物件は築40年ほどでインフラにまだ致命的な痛みはなかったため、床・壁・天井や細かな設備など、目に見える部分を中心とした表層リフォームを行いました。

リフォームにかかったコストは約560万円で、取得費と合わせて760万円、実質利回り25%想定で賃貸開始です（2024年の現在は、資材や人件費が高騰しているためリフォーム費用はもっと上がります）。

間取り変更をしなければリフォーム費用はもっと抑えられますが、それでは満室経営が難しいため、この部分の出費は必須でした。

ただし、インフラに手を付けていないため、この先どこかで工事を行う必要は生じます。そういう意味で、利回り25%というのは瞬間風速的になってしまいますが、今回はそれでよしとしました。

また、もう一つの懸念点として駐車場の確保がありましたが、こちらは近所で戸建が解体されて更地になった土地を借り上げることができました。

リフォーム後はすぐに満室になり、今では4万円×4戸で毎月16万円が入ってきます。

間取りは広めの1Kですが、入居者はほぼ全員が単身者です。一人暮らしでも20平米前後の狭い間取りは選ばれにくくなっていることがわかります。

稀に入れ替わりもありますが、次の申し込みもスムーズに入る優等生物件になりました。

実例2

延べ床面積160平米の「大型戸建」を250万円で取得
⬇
「2戸のアパート」に改築

リフォーム530万円
利回り 約14%

戸建は戸建、アパートはアパートとして貸すことばかりではありません。

この物件は、サラリーマン引退後の2015年頃にお世話になっていた不動産業者さんから紹介されました。

1階は85平米、2階は78平米ある築50年の大きな戸建てでした。2階を貸していた時期があったようで、戸建なのに外階段がついているのが特徴でした。階段を上る必要のない立地で玄関から見える場所に貸駐車場も確保できそうでした。また、同じエリアに既に数十戸の貸家を持っていたため、手堅い賃貸需要があることもわかっていました。

そのため、戸建としては破格の250万円で買わせていただきました。（戸建は普段は100万円以下で購入することが多いです）

購入後は錆びついていた外階段を補強し、1階と2階をつなぐ内階段を潰し、2階にお風呂・台所・洗面所などの水回りを新設しました。

また、戸建からアパートへの改築ということで、1階と2階の間の防音工事や、電気メーターの増設、水道・ガスの配管を分けてそれぞれにメーターを付けるという工事も行いました。

工事が終わり、1階と2階をそれぞれ4・8万円（計9・6万円）で募集すると、すぐに申し込みが入りました。広さの割に安いことと、駐車場までの近さが強みになったと思

内階段を潰し、2階に水回りを新設し、1階と2階を完全に分離した

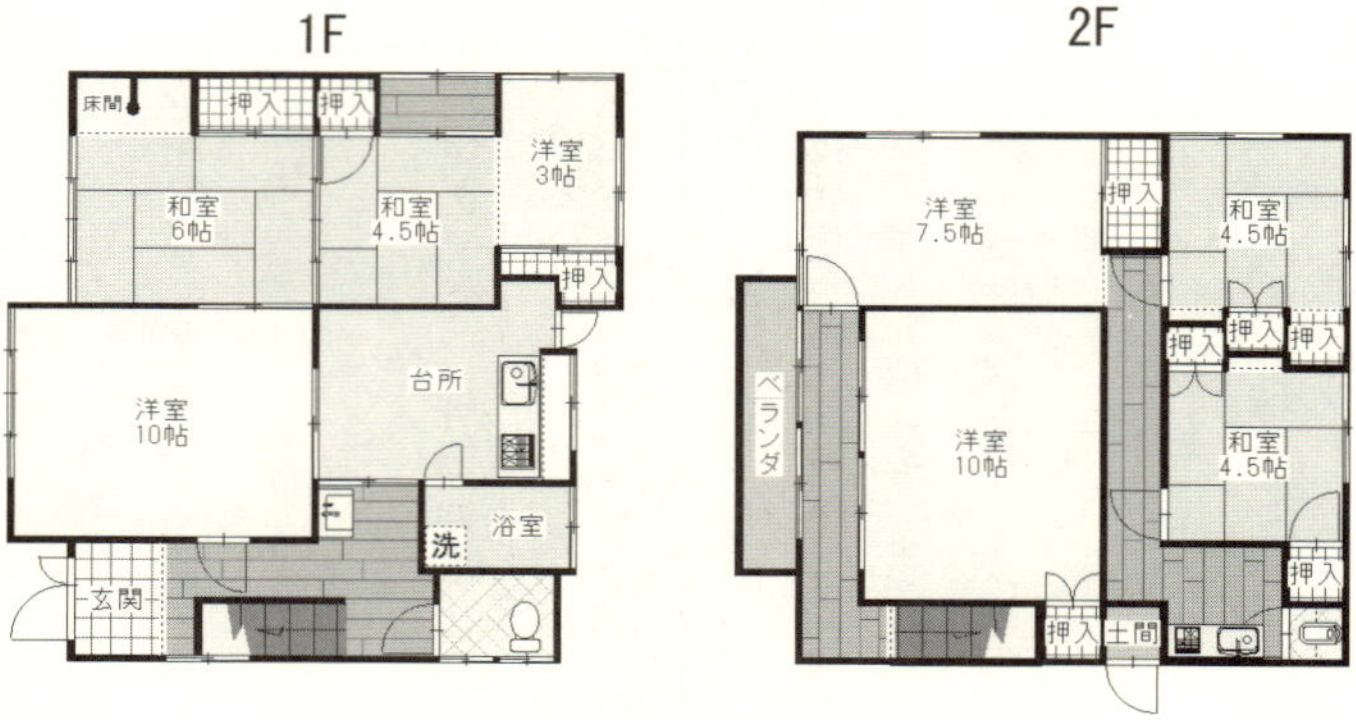

間取りビフォー

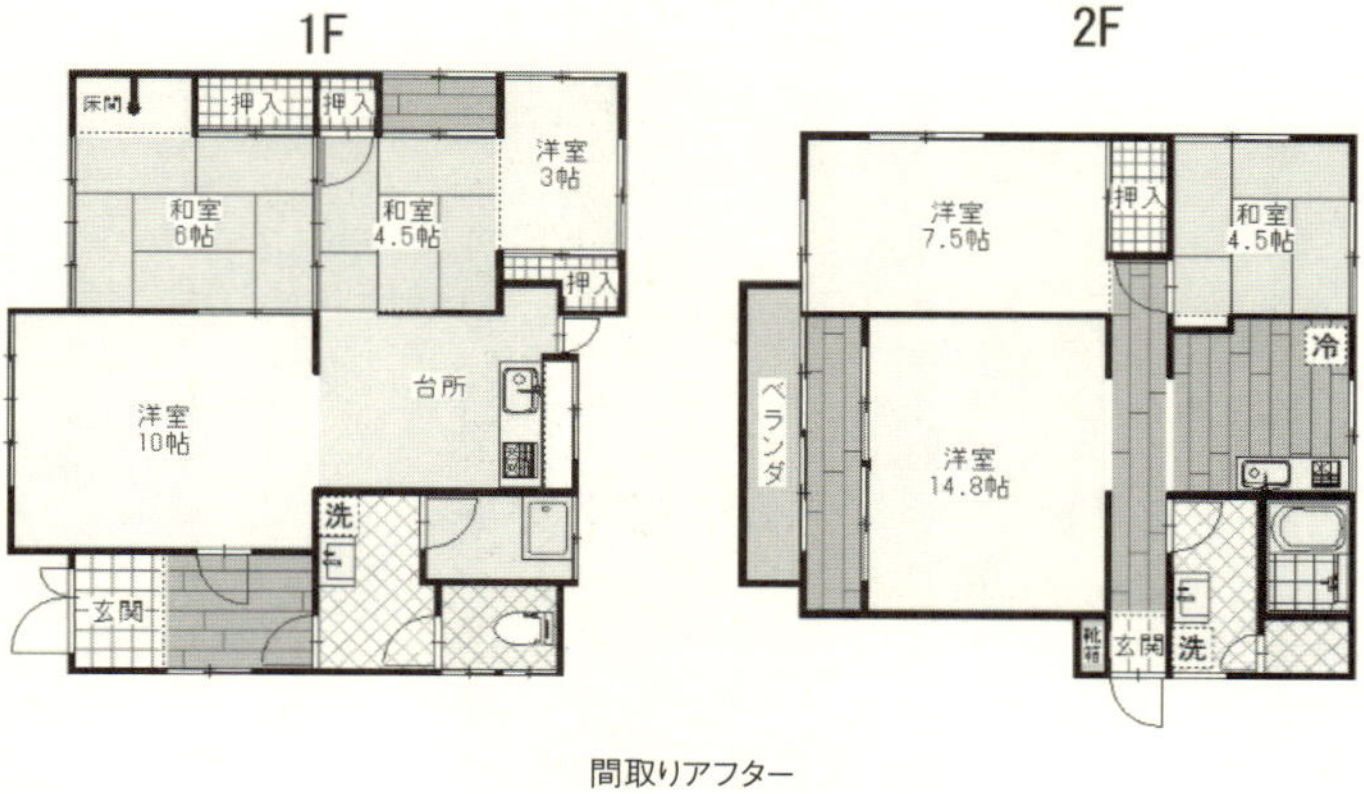

間取りアフター

います。

リフォーム費用は530万円、取得費と合わせて780万円、実質利回りは14％となりました。そして、10年経つ今でも満室稼働してくれています（2024年の現在は、資材や人件費が高騰しているためリフォーム費用はもっと上がります）。

実例3

225万円で取得した、階段が崩れ2階に上がれないメゾネット型アパート
⬇ペット可物件に改造して人気物件に

リフォーム1775万円
利回り 約12％

1戸が2階以上の層になっていて、上下階が内階段でつながっている住居のことをメゾネットといいます。縦の動きがあるのが特徴です。

この物件は、ブロック造の築50年を超える全空状態で、もともとメゾネットの造りでした。

業者さんに紹介されて見に行くと、メゾネットなのに階段が崩れていて「2階に上がれないほど」ボロボロの状態でした。

ただし、見晴らしがよい場所にあり、各戸に庭もあるという長所もあったので、ペット可物件にすれば人気が出るのではと考えました。

使えるところがないほど傷みが激しかったため、水道管や電線などのインフラも含めて、全てを新品に取り換える大掛かりなリフォームをしました。

また、もともとは1階がＤＫで2階に小さな居室が2つという2ＤＫの間取りでしたが、2階の部屋を広い1部屋にして、1ＤＫにする工事も行いました。

さらに、全戸にキャットウォークを作り、ペット可物件としての特徴を打ち出しました。幸い、駐車場も近隣で全戸分を借りることができました。

狙いは当たり、募集を始めると近隣相場より1割ほど高い約5万円の家賃ですぐに満室になりました。入居者の多くは女性で、全員がネコを飼っています。

この物件は購入から5年以上経ちましたが、退去がほとんどありません。入居者さんだけでなく、ペットのネコちゃんたちにも気に入ってもらえたのだと思います。利回りは実利で12％ですが、中身はほぼ新品と言えるレベルで直してありますから、10年単位でこれからも長く稼いでくれると思います。

ボロボロ物件を
全戸にキャットウォーク設置の人気物件に

Before
鉄部は朽ち果てお化け屋敷のような外観

After
外壁と鉄部を塗装し見違えるようにキレイになった

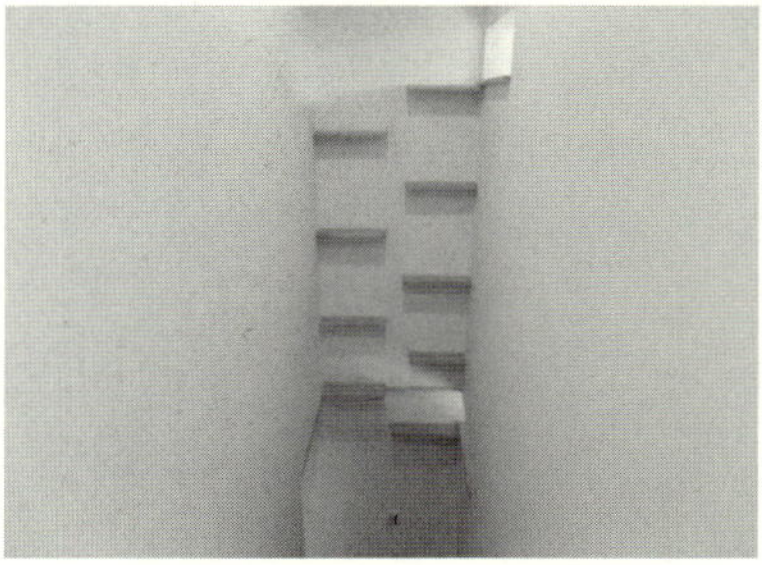

全戸の室内や階段の上部に
キャットウォークを造った

実例4

手持ち資金だけでまずスタートし、1室ずつリフォームしていった630万円取得の4戸アパート【リフォーム代　計1280万円（段階的に支払い）、利回り15％】

リフォーム1280万円
利回り 約12％

長崎では珍しい物件の目の前に戸数分以上の駐車場を確保できるという物件の事例です。

紹介されてすぐに見に行くと、昭和53年築と築古ではあるものの、4世帯のアパートの敷地内に5台分の駐車場があるという強みを持つ物件でした。

土地の資産価値もある場所だったので、630万円で買い付けを出し、契約に進みました。

物件購入のサポートをお願いされていた方にこの話をすると「ぜひ欲しい」ということだったので、お譲りすることにしました。

ただし、物件代に630万円がかかったため、リフォーム代をあまりかけられないといいます。

そこで、この方は予算内で1戸ずつリフォームを行い、完成した部屋から募集を開始するというステップ方式で賃貸募集を始めました（本章最後のコラムで解説する「脇田式

段階的に1室ずつリフォームを進めていくケース

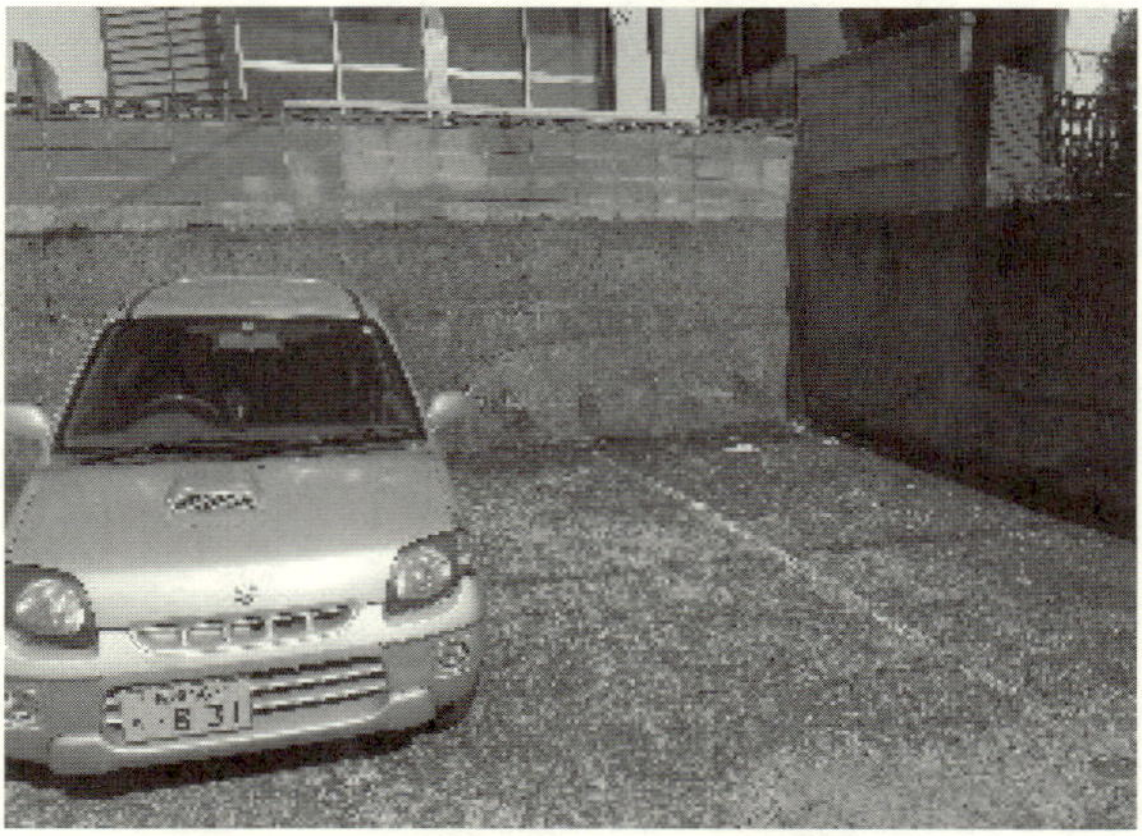

物件近くの駐車場は強いアドバンテージになる

インフラに手をかけない表層リフォームを行った

夢のアパートプラン」使用)。

工事はインフラには手を付けない表層リフォームで行いました。

駐車場が目の前という強みから入居付けはスムーズで、いただいた家賃と追加した自己資金で一つずつ部屋を直すたびに、申し込みが入りました。

家賃は1戸あたり4万円×4戸です。


単身のお部屋なので入れ替わりはありますが、常に高い稼働率を保っています。ただし、リフォームは予算重視で行ったため、いずれは何らかの不具合が出てくると思います。

入居者の方が丁寧に住んでくださり、できるだけ長く今の状態で運営できることを願うばかりです。

実例5

工事内容で賃料に差をつける戦略をとった2棟を計250万円で取得したアパート

【リフォーム　計1930万円(段階的に支払い)、平均利回り11%】

リフォーム1930万円
利回り 約11%

時々、2棟以上の建物が一緒に売りに出ることがあります。

このケースも同じ敷地内の2世帯のメゾネットが2棟まとめて売りに出されていました。昭和42年築と古く、荒れた状態だったため、2棟で250万円の価格で買うことができました。

この物件は、私がサポートを依頼されていた東京の会社員の方が買われました。

予算の関係から、この方は2棟のうち、まず1棟をインフラまで直すしっかりリフォームで貸し出し、次にもう一棟を既存の設備をある程度使った最低限のリフォームで貸し出しました（本章最後のコラムで解説する「脇田式 夢のアパートプラン」使用）。

その結果、しっかり直した方は5・5万円×2戸、もう一棟の方は4・3万円と4・7万円で入居が決まりました。4戸で毎月20万円の家賃収入です。

しっかり直した1棟の方が家賃は高いものの、リフォーム代もかかるため、実質利回りは9％程度となりました。もう一方の方はリフォームを最低限で済ませたため、利回りは13％程度です。

この同じ築年数で異なるリフォームを行った2棟がこの先、どうなるかはこれまでの経験から、だいたい予想ができます。

「インフラまで直す」「表層の高利回りを追及する」

しっかりと直す場合は配管も全て交換する

床・壁・天井を刷新すれば古い物件でも印象が一変する

最低限のリフォームで済ませた方は今後、ちょこちょこと直す部分が出てきて、長期的にみると利回り9％程度になっていくはずです。

ちなみにこのオーナーさんは不動産投資の経験が豊富な方で、既に10億円以上の借入があります。

これまで規模拡大を進めてきましたが、脇田の過去の本を読んで、「借金はキリがない。これからは無借金の投資をしたい」と相談に来てくださいました。

「地方の築古投資で利回りが出るのは知っていたが、自分で手間暇をかけてやるイメージがあったので避けていた。でも、脇田さんに頼めば現物不動産という安心感がありながら、ビットコインや投資信託を買うのと同じくらいの手間でそれなりのリターンが返ってくるから満足している」と言ってくださっています。

私自身は最初にがっつり直すやり方が好きですが、それぞれの投資家さんによって、手持ち現金の多寡やタイミングもありますから、一部のリフォーム工事を後ろ倒しにする手法が悪いとは思いません。

正解は人それぞれです。まずは始めることが大切ですので、資金に応じて様々なプランを検討してみるのが良いと思います。

コラム　脇田式「夢のアパートプラン」方式なら、各自の目標レベルや支払いペースでいち早くアパートを取得できる

私がサポートをしている大家さんの中で、「アパートオーナーになりたい！　だけど今はあまり予算がない・・・」という方はかなりいらっしゃいます。

そんな方に私がお勧めするのが、「ＢＴＯ（ビルトトゥーオーダー）」という、予算に合わせてリフォームのレベルや戸数を決めるやり方です。

ファーストフードの「サブウェイ」では、サンドイッチを買う時、最初にパンの種類を選び、次にトッピングや野菜・ソースを選びます。最後に飲み物やスープ・デザートを付けるかどうか空腹具合や財布を見ながら決めていきます。

同じサンドイッチを食べるにしても、あらかじめ決められた定価の既製品から選ぶしかない店舗と、サブウェイのように、自分の好みや気分、お財布事情等に合わせて注文内容をカスタマイズすることができる店舗の2パターンがあるということです。それのアパート版と考えるとわかりやすいと思います。

「退職金で資金は十分にある。老後の年金代わりと考えているので、買った後で出費と手間が少ない方が良い。高い利回りは求めないので、しっかり直して、安定的に経営したい」

「スピード感を持って部屋数を増やすために、できるだけ利回りの高くなるアパートが欲しい。いま手持ち資金はあまりないが、若くて体力も時間もあるから、自分でやれることはやっていく覚悟

がある」

この両者は同じように中古アパートに投資していますが、目的も予算も違うので、その手段も違って当然です。

融資を使う不動産投資と違い、現金買いの築古物件投資は、返済の必要がないため、自分のペースでやり方を決められます。

私はこれらの目的に応じてカスタマイズで進める中古アパート投資のことを、脇田式「夢のアパートプラン」と呼んでいます。

前述の事例４のように、まず手持ち資金でアパートを取得して、貯金が貯まるたびに１室ずつ直しながら満室（家賃を増やしていく）を目指すやり方が可能です。

ただし、このプランはどの工務店や不動産会社でもできるわけではありません。

私は大家兼業でサポートをおこなっているために、進行もゆっくりやっていられますが、本業のビジネスとして請け負っている会社や職人さんでは、効率や資金繰りなどの問題でなかなか長期や分割プランでの請負は難しいかと思います。

もし、分割発注で進めたい場合は、契約前の早い段階で業者さんに対してプランや支払いの相談をされることをお勧めします。

第2章

サラリーマンには「少額現金・空室知らず」の地方・中古アパート投資が最適！

私は20代半ばのサラリーマン時代に不動産投資を始めました。

その動機は「お金持ちになりたい」というシンプルなものでした。

あれから約20年、長崎の中古物件投資に出会えたことで、所有物件は100室以上、家賃年収は5千万円（手取りでは4千万円）を超える規模になりました。

東京でサラリーマン大家になった私は、29歳で会社員を卒業したのを機に、実家のある大阪に戻り、そこから物件のある長崎に通う生活を始めました。

実家の近くに住むことで、親孝行や甥っ子・姪っ子たちの面倒も見られるようになりました。

お金の為に始めた不動産投資ですが、他にも多くのものを得られたのです。

この本の読者の皆さんは、サラリーマンの方が多いと思います。

私はよく、サラリーマンの方から不動産投資について相談されますが、迷うことなく、「私と同じやり方」をおすすめしています。

この章では、その理由や手法について紹介します。

1 家賃収入を増やすことで、自分自身の将来を変えることが出来る

以前、中古物件投資のコンサルをさせていただいたAさんという公務員の方がいました。Aさんは現役時代からコツコツと貯金をして不動産を買い、毎月10万円を超える安定的な家賃収入を得られるようになりました。

Aさんは家賃に手をつけず、毎年１２０万円ずつ、貯金を増やしていきました。そのAさんから先日、こんな報告を受けました。

「職場の同僚たちは、退職の何年か前から天下り先を探して、あちこち回り始めます。しかし、私は家賃収入があるおかげで、天下り先を探す必要がありません。老後の心配が小さくなったことで、気持ちにゆとりが生まれました」

Aさんも不動産投資に出会う前は、退職金と現役時代の貯蓄を崩して生きていくか、それでも足りなければ再就職先を探してなんとか乗り切るつもりでいたそうです。

しかし、現役時代に不動産投資を始めたことで、貯金が増えただけでなく、定年後も安定的な収入が入る仕組みを得られたのです。

「年を取ってから、お金の為にやりたくない仕事をするのはつらいものだと思います。あの時、不動産投資を始めて本当に良かったです」

Aさんからこの言葉を聞いたとき、私はお手伝いさせてもらってよかったなと嬉しく思いました。

そろそろAさんの家賃収入貯金は、1000万円になると思います。

このお金でもう一棟アパートを買えば、さらに月10万円の収入を増やすことも可能でしょう。

不動産投資を始める動機として、老後の生活資金を確保したいという声をよく聞きます。何年か前に話題になった「老後2000万円問題」を取り上げるまでもなく、現在の日本で、老後の生活を心配する人は少なくないはずです。

この心配は、前述のAさんのように、現役時代から安定した家賃収入を築いておくことで、解決することが可能です。

2 新NISA・iDeCoなどの投資よりも不動産投資が有利なワケ

私は中古不動産を選びましたが、世の中にはそれ以外にも多くの投資手法があります。平均利回りという観点から、中古物件投資を他の様々な投資手法と比べてみましょう。

まず、「新NISA」です。これは正確にいうと投資の手法ではなく、日本人が投資をすることを後押しするために国が始めた制度のことです。

メリットは、「NISA口座（非課税口座）」内で購入した株や投資信託などの金融商品から得られた利益（売却益や配当金）は非課税になること。

従来のNISAには金額や期間に制限がありましたが、2024年から開始された新NISAでは、投資可能枠が大幅に広がり、投資期間の縛りもなくなりました。

具体的には、年間360万円、合計1800万円の枠内で購入した株や投資信託などで利益を得た場合は、それが非課税になります。

通常なら利益に約20％が課税されますから、少なくとも一般口座で株や投資信託を購入

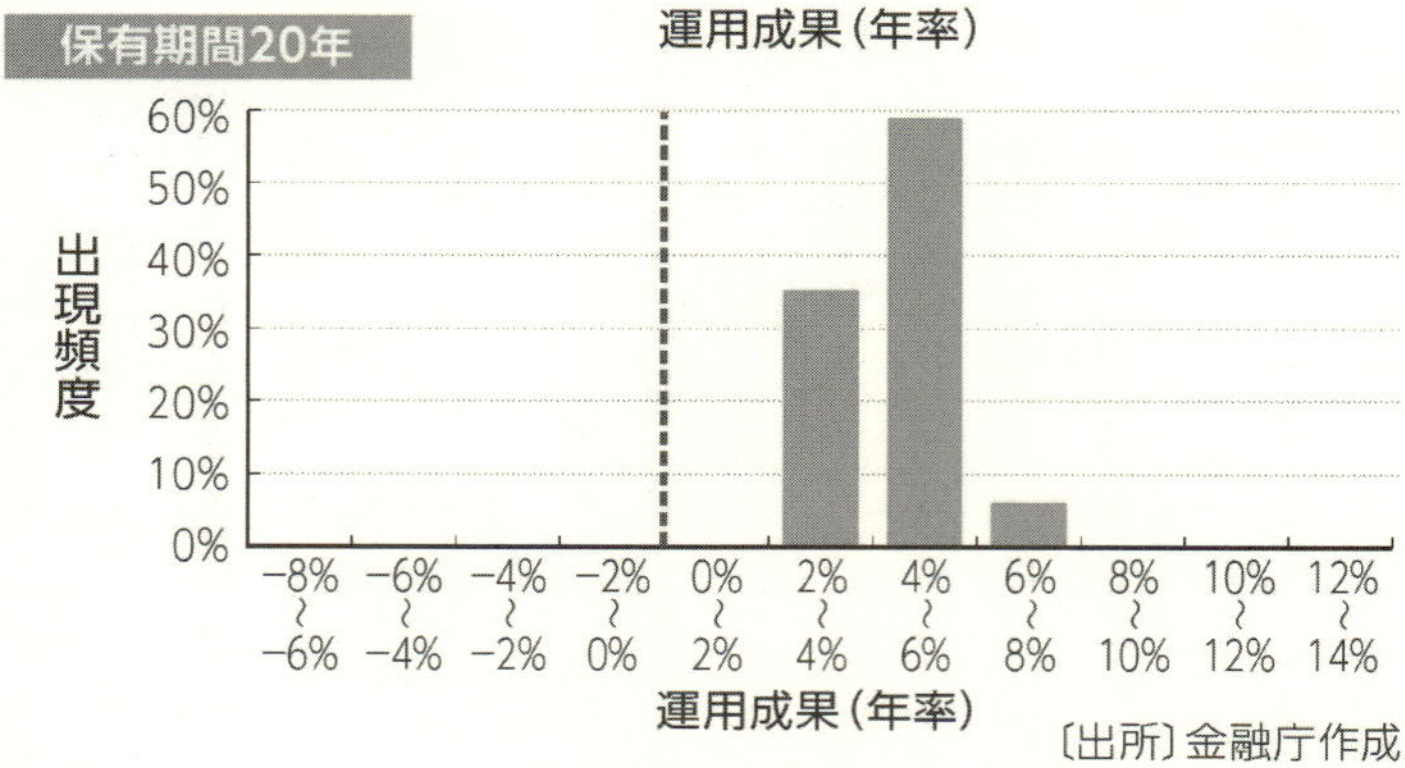

出所『つみたてNISA早わかりガイドブック』(金融庁)
※上記は、将来の運用成果を示唆・保証するものではありません。

するよりお得なことは間違いありません。

では、「新ＮＩＳＡ」の利回りはどのくらいになるのでしょうか。

各自が選択する株や投資信託の値動き次第なので正解はありませんが、金融庁作成のグラフ「国内外の株式・債券に分散投資した場合の収益率の分布」(https://www.fsa.go.jp/singi/kakei/siryou/20170224/02.pdf) を見ると、保有期間20年でのおおよそ年率は2～8％となっています。

新ＮＩＳＡもこれに近い利回りになると予想していいでしょう。

他の投資も同じですが、注意点として、値動きによってはマイナスになるということがあります。

この他にも、様々な制度や投資商品が存在します。

・iDeCo
・株、投資信託　・国債　・個人向け社債　・公社債投資信託（MMF、MRF）
・外貨預金　・外国為替証拠金取引（FX）　・暗号資産（仮想通貨）
・保険商品　・金（きん）取引　・先物取引　・オプション取引
・不動産投資　・不動産投資信託（REIT）　・不動産クラウドファンディング

これらの一般的な投資における平均利回りは?というと、あくまで統計上の数字ですが、
安定的な商品で「年利3～5％」
リスクの高い商品で「年利10％前後」
といったところのようです。

この数字を見て、意外と低いな…?　と思われた方もいるかもしれません。

特に、中古物件投資を勉強したことがある方は、そう感じるでしょう。

そして、その直感は合っています。事実として、私が実践している中古物件投資は、実質利回りでも10％台は当たり前だからです。

私自身は投資のプロというわけではありませんし、他の投資をジャッジする資格もあり

ません。

ただし、平均的な利回りと、それに伴うリスクで比較するのであれば、中古物件投資が優秀であることは、疑いようがないと考えています。


実際、株式投資を長年やっていた方が、私の本を読んで「不動産投資を教えて欲しい」と訪ねて来られ、その後、続けて物件を購入するケースは珍しくありません。

地方＋築古の中古物件という一見地味に思えるこの投資ですが、他の投資にひけをとらないどころか、非常に優秀な成果を上げていけるのです。

3 手取り年収4000万円を超えた「脇田流」中古物件投資とは

不動産投資には様々な手法がありますが、私が実践しているのは、地方（長崎）の古い中古アパートや戸建を安く購入し、しっかりと直してから賃貸に出すという手法です。

簡単にいうと、市場相場に比べ〝激安〟な価格で売りに出されている中古物件を探し出

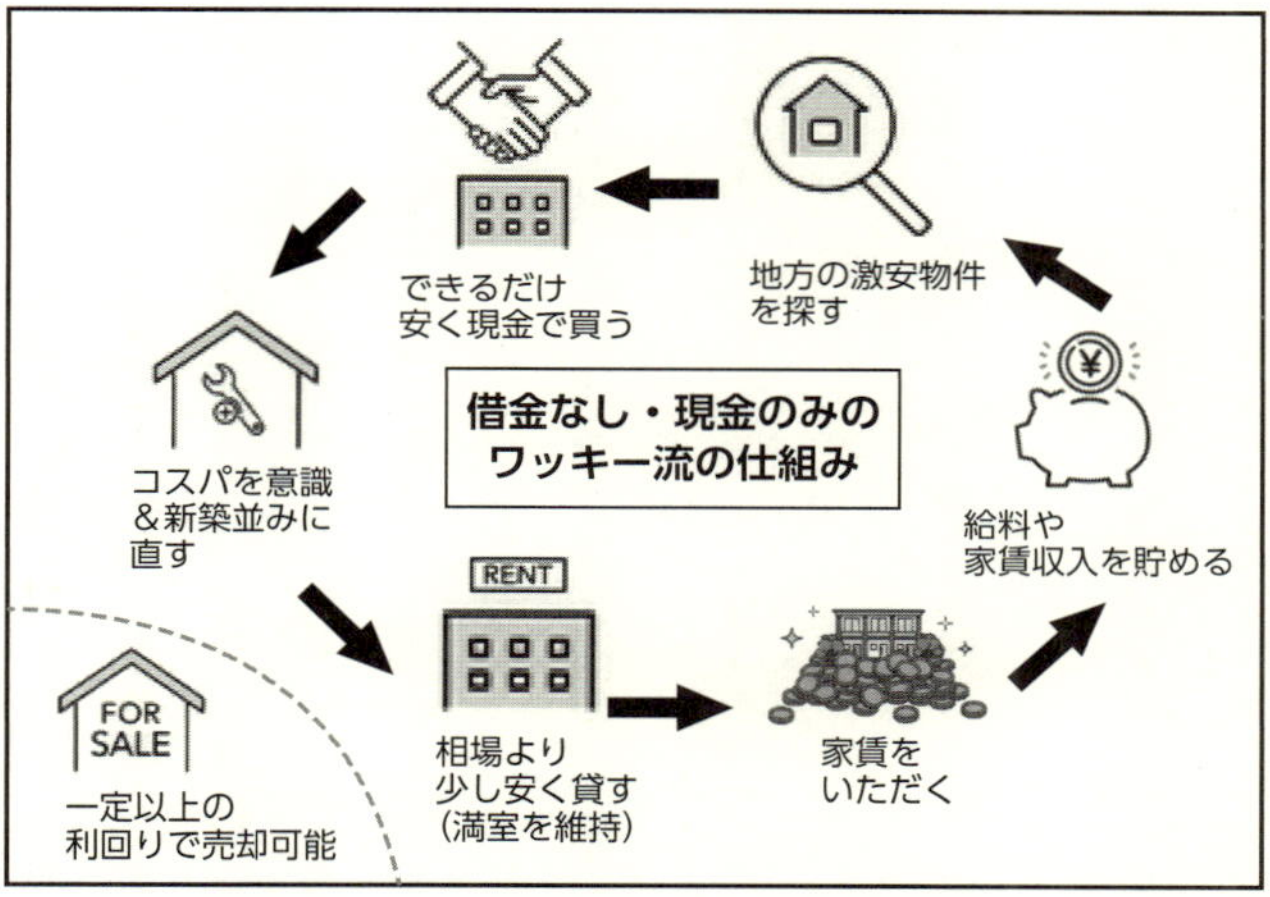

し、できるだけ安く購入します。戸建の場合はほとんどが100万円以下で、安いものは5万円とか0円（無料）といった物件もあります。

そして、驚く方も多いのですが、アパートでも500万円以下、場合によっては100万円以下で買えるケースも珍しくありません。

アパートのリフォーム費用を入れても、総額で800万円以下で仕上げることも可能です。

脇田流の特徴として、古い物件を安く買ったあとで、数百万円をかけてしっかりと直すことがあります。

キレイに直した物件を相場より少し安く貸すことで、入居者に5年・10年と長く住んでもらえる手間いらずの賃貸経営を目指します。

世の中には安く買い、最低限のリフォームで仕上げ、30％を超えるような超高利回りで仕上げる中古物件投資があることも知っています。

知っているどころか、私も初期の頃はそういうやり方を好んでいたのです。

しかし、途中から今のように最初にしっかりと直す方法に切り替えました。

なぜなら、表面だけキレイにして人に住んでもらっても、後からクレームになり、結局工事が必要になることや、入居者の満足度が下がって入居期間が短くなるということを、身をもって経験したからです。

しかも、人が住んでいる状態だと急いで直す必要があるため、工事費用は割高になります。

つまり、最初だけ利回りが高くてもそれは最大瞬間風速であり、5年・10年単位の実質利回りで見るとグッと下がるのです。

それがわかった今では、入居者の満足度を上げることを優先して、設備も新しいものを積極的に取り入れています（もちろんコストは意識しています）。

インフラや躯体にも手を入れた物件なら、古くても投資物件として価値がある状態が長続きするため、一定以上の利回りで売却することが可能です。

適切にリフォームされた物件は、入居付けに有利で持っている間に安定的な家賃を稼いでくれるだけでなく、急にお金が必要になったり、高齢になって売却したくなったりしたときの備えにもなるということです。

逆に、ボロボロの物件のままではいざ売りに出しても、安く買い叩かれるのがオチでしょう。

4 融資がつかないから、その分安く買える

ここまで読んで、「うーん、なんだか面倒くさそうだなあ。やっぱり節約と貯金が一番確実で安心なのでは？」という意見もあると思います。

親御さんにそのように言われて育ったという方もいるでしょう。

しかし、残念ですがデフレが終わった日本で、現金の力は弱まっています。

ご存じのように、コロナ禍以降、世界中でインフレが進んでいます。そして、インフレになると、同じモノを買うのに多くのお金を払う必要があります。

違う見方をすれば〝お金の価値が下がっている〟ということです。

頑張って節約をして貯金をしても、お金の価値自体が減ってしまえば、買えるものは増

えず、節約の意味も半減してしまいます。

そして、インフレの時代に有利とされるのが、純金やプラチナなどの貴金属、土地や建物といった「実物資産」です。

実物資産は株などの金融資産と違い、そのものに価値があるのが特徴です。

そこに人が住めて、貸すこともできて、家賃までいただける中古物件投資はまさに、この実物資産への投資に当たります。

ビットコインや株の信用取引のように数倍に増える爆発力がない代わりに、マーケットの変化で一晩にして価値が半減するといった心配もありません。

中古物件投資は、長く安定的に、コツコツとお金を増やしたいという人に向いている投資なのです。

しかし、どんな投資にもデメリットがあります。

中古物件投資のデメリットは、最初に数百万円単位のまとまったお金がいること、そして融資のつきにくさです。

私が今のやり方を選んだ理由はいくつもありますが、その一つは、地方の築古物件はライバルが少ないということです。

特に長崎の中古物件や階段立地の物件は、買う人が少ないので、値段が下がり、高利回りが狙えます。その代わりに、基本的に融資は使えないのです。

東京や札幌、大阪や福岡などの大都市にある物件は、土地の評価が高いため、地元の人以外が買う場合にも、融資がつくことは珍しくありません。

しかし、長崎の物件は違います。通常、土地値の安い長崎では金融機関による評価が低く、地元の人以外は融資をつけて買うことは困難です。

そのため、都会で見られるような、国内外の投資家たちが物件を買いに来て相場が上がってしまうという現象が起きづらいのです。

補足すると、長崎でも平地の新築分譲マンションは、4000万円、中には1億円を超えるものもあります。それは、住宅ローンが使えるからです。

収益物件でも、築年数の浅いRCマンションや車が入れるような道路付けの良い立派な家などは、融資を受けて買える可能性があります。

しかし、そういう物件は価格が高く、儲からないため、中古物件投資の対象にはなりません。

私はあえて、そういう物件を外し、融資がつかない物件ばかり買っています。

繰り返しになりますが、そういう物件こそ、安く買えるからです。

現金で買う必要があり、買った後でリフォームの手間もかかるけれど、その分、高利回りで長く家賃収入を得られるのが、この手法の魅力なのです。

（融資が付かないと書きましたが、私の仲間の中には、物件を現金で買った後、日本政策金融公庫のリフォームローンを引いている人が複数います。

激安物件に投資する場合、物件価格よりもリフォーム価格の方が高くつきますので、スピードを速めたい場合には有効だと思います）。

5 現金が必要だが、借金のプレッシャーがない

不動産投資をする人の中には、「銀行が融資を付けるということは、銀行のお墨付きをもらったのと一緒だから、いい物件だ」と考える人がいます。

そういう人たちは、「金融機関の融資対象外になっているエリアに不動産を買ってしまうのはリスクが高いのでは？」と思うでしょう。

その気持ちは、私も理解できます。


その証拠に、私も一棟目は大阪府内のＲＣ一棟マンションをフルローンで買いました。

私も元々は、金融機関の評価が高い物件を買う派だったのです。

しかし、持ってみてわかったのは、自分にはこのやり方は向かないということでした。

というのも、借金のプレッシャーが予想以上にきつかったのです。

融資を受けられた時は嬉しかったのに、いざ返済が始まると、自分の給料を上回る金額をこの先もずっと返していくのかと不安を感じるようになったのです。

もし、地震があったらどうしよう、事件が起きて全員退去したらどうしよう、といった心配がいつも頭の隅にありました。

利回りが12％あり、稼働率は高く、返済比率も半分以下だったので、それほど危ない条件ではありません。それでも心配でたまらなかったのですから、自分は大きな借金をする器ではなかったのだと思います。

その後、現金で物件を買い進め、そこからの収入だけで、一棟マンションの借金の返済ができる状態になったときは、とてもホッとしました。

私はこれまでに何冊も本を出しているため、読者の方からよく問い合わせをいただきます。その中でも多いのが、サラリーマンの方からの「自分も融資を受けて一棟物件を買ったが、これ以上借金をしたくないので、現金で買える脇田さんのやり方を教えてほしい」というものです。

特に、2016年~18年までの融資が付きやすかった時期に物件を買っている人は、借金の割にキャッシュフローが少なく、運営に苦労している人も多いようです。

その後、融資の情勢が変わったことで、「このままではマズイかも」と、現金で高利回りの物件を買い、キャッシュフローを少しでも蓄えておいて、何かあった時に備える、といった投資家の方が増えているのです。

不動産投資を始めたいという人たちにその理由をきくと、「外資系企業でリストラにあうかもしれないので」とか、「サラリーマン一本では安心できない時代だから」とか、「老後の生活資金のため」という答えが返ってきます。

つまり、何かあった時の備えとして、副収入を得たいと考えているわけです。

それなのに、不動産投資をやることが「大きなリスク」になってしまっては、本末転倒です。

そういう意味では、逆説的ですが、現金を使った不動産投資はこれまでレバレッジをかけて不動産投資をしていた方にも、あったやり方といえます。

特に、私のように借金への耐性が低い方に、向いていると思います。

6 所有物件の稼働率は常に9割以上

ここまで、私が長崎の築古物件に投資している理由を色々と書きました。

最後に伝えたいのは、実際に私が持っている物件の稼働率の高さです。

時々、「そんなに古い物件に住む人が本当にいるのですか？」と信じられない様子で訊いてくる人がいます。

結論から言えば、古くても場所を選び、きちんとリフォームをすれば、満室経営は決して難しくありません。

「どのくらい古い物件まで買っていますか？」と訊かれることがありますが、私は条件さえクリアすれば、どんなに古くても良いと考えています。

これまでに築75~80年くらいの物件を買ったことがありますし、築年数不詳の物件を加えれば、築100年超クラスも、おそらくあると思います。

では、買ってよい物件の条件とは何でしょう?

それは、「その物件をきちんと調査した上で、予算内で問題を改善出来る見通しが立つ物件」です。

例えば、屋根から雨漏りがあったとしても、その状態はピンキリです。

雨漏りの修繕と天井板の交換程度で現状復帰出来るものと、劣化が酷くて建物が歪んでいるといった深刻なレベルとでは、修繕にかかるコストは大きく異なります。

物件というものは本当に千差万別で、築浅物件でも新築時の手抜き工事の影響で劣化しているものもありますし、その反対に、築古物件でも造りが頑丈で、オーナーさんのマメな維持管理によって、内外装ともにピカピカという物件もあります。

私の経験上、入居者さんは意外と築年数については気にしないものです。

古くても適切に修繕をしてあれば、空室は埋まります。

実際、私の物件の多くが築古ですが、入居率が9割を切ることはないですし、お客様から、「この物件は築何年ですか？」と質問されたこともありません。

つまり、それらの修繕やリフォームコストをある程度試算した上で、この物件は確実に儲かると判断出来る物件であれば、どんなに築年数が古くても購入する価値があるということです。

古さを気にするよりも、

・快適に生活が出来る
・利便性の高い立地
・賃料は相場より安い

等を意識する方が、客付けにおいては重要ということです。

古いことを理由に指値を入れて物件を安く買い、浮いた資金をリフォームに投入したり、賃料を割安に設定することで、入居者さんのニーズに沿った物件を作れば良いのです。

ですから、物件の購入を検討する時は、築年数にとらわれず、フラットな視点で賃貸物件としての価値を見極めるようにして下さい。

もちろん、状態の良い物件であっても、賃貸需要がないエリアでは投資が成り立たないので、その点には十分注意して欲しいと思います。

私はキレイになった家に、入居者さんが住んでいる様子を見ると、家が喜んでいるようで、この仕事をしていてよかったと思います。

ご近所の方から、「ボロボロの家がキレイになって、若い家族が引っ越してきてくれて、町が明るくなった。子供たちの声が聞こえるのが嬉しいよ。ありがとう」とお礼を言ってもらえることもあります。

お金が増えるだけでなく人にも喜んでもらえるやり方を、これからも続けていくつもりです。

コラム　メリットばかりの営業セールスには要注意

世の中にはリスクの高い投資も多くあります。その一つが、「個人年金になる」という宣伝をよく見かける新築ワンルーム投資です。

新築ワンルーム投資はわずかな頭金で買える代わりに、借金を返し終わるまでキャッシュフローはほぼゼロ、もしくはマイナスのことがほとんどです。

それでも営業マンは、

「毎月の収支はマイナスになるが、節税になるので損はしない」

「ローンを完済後は家賃収入が個人年金になる」

「売却すれば数千万円の利益が出る可能性がある」

「万が一持ち主が死亡したら保険替わりになる」

などというセールスで、購入を迫ります。

しかし、実際には思ったような家賃が得られない、リフォーム費用が高くつく等の理由から、所有期間中の赤字に耐え切れずに破綻するといったケースが後を絶ちません。

それに、頑張ってローンを完済したとしても、すでに75歳以上の後期高齢者なんてことになれば、何のための投資か分からなくなってしまいます。

もちろん、不動産市場が右肩上がりの時に買えば、買ったときよりも高く売れる可能性もゼロではありません。しかし、それはあくまで結果論。運任せですから、それを期待するのはそれこそギャンブルのようなものです。

豊かになる為に投資を始めたのに、大事な貯金を失ったりストレスの原因になったりしては本末転倒です。

メリットしかない投資はありません。営業マンの言葉を鵜呑みにせず、自分自身でもしっかりと調査した上で検討することが大切です。

第3章

激安「地方・中古アパート物件」の探し方

～お宝物件情報は業者から入るとは限らない

中古物件投資で初心者が最初にぶつかる壁は、いい物件を見つけられないということだと思います。私も同じ苦労を経験しました。

ただ、不動産投資は最初が一番大変で、一つ買うごとに楽になりました。

知識と経験が増え、人脈も増えて、どう動けば良いかわかるようになるからです。

多くの人はショートカットでゴールにたどり着ける「裏技」を探します。

しかし、成功している人は実は人より多く行動しているだけで、特別なスキルなどないことがほとんどです。物件探しも例外ではありません。

ちなみに私の周りの不動産投資家たちは、中古物件投資を始めると決めてから、8カ月～2年程度で家賃収入を得るところまで到達している人が多いようです。

物件探しに3～6カ月、契約決済に1カ月、リフォームに3～18カ月、入居付けに1～3カ月程度が一つの目安になると思います。

大切なのは、「絶対に良い物件を見つける」という強い覚悟で臨むことです。

1　不動産業者だけじゃない！　格安物件の購入ルートと最近の事例

まわりの不動産投資家の方たちに、これまでどういうルートで物件を買ったか尋ねると、「ネットで検索して見つけた」、もしくは「前に物件を買った業者さんから紹介を受けた」といったものが中心です。

どちらも不動産会社さんを経由して買っています。これが不動産を買う時の王道だと思います。

しかし、不動産は不動産会社を通じて買うもの、という固定概念を持ってしまうと、チャンスを逃すかもしれません。

地方の築古物件は、それ以外にも様々なルートで流通するものだからです。

最近の私の例でいうと、所有物件のリフォームの確認に通う途中であいさつする関係になったおじいさんから、物件を買わせてもらいました。

「どこに行くのかね？」「賃貸用の物件を見に行くんですよ」「実はわしも貸家を持ってい

るんじゃが、見てくれるかね」という感じで、話が進みました。

しかも物件は一つではなく、空き家と借地料が入ってくる底地のセットでした。

「もう歳で管理しきれない。今のうちに売っておきたい。できたら信用できそうなあんたに」というありがたい申し出により、50万円で買わせていただきました。

この話には後日談があり、買わせてもらった底地の上に建っていた空き家の所有者さんにご挨拶に行くと、「この家も買ってほしい」と言われ、ただ同然で譲ってもらうことができました。

この家は既にリフォームを終えて、家賃4万円で賃貸中です。

この話のポイントは、地方の人は売却したい不動産を持っていても自分から知らない業者に持ち込むことはせず、「知っている不動産関係者」に相談する傾向があるということです。

ですから、親しくなった人がいたら、

「空き家を処分したい人はいませんか？」

「古くても良いのでアパートを売りたい人はいませんか？」

「不動産を売りたい人がいたら、紹介してください」

そうやって声をかけておくと、そこから取引が始まるかもしれません。

意外な人が不動産を持て余していることがあります。

ただし、あまりガツガツしすぎると失礼ですので、そこは注意してください。

また、紹介してくれた方にはお礼を渡すことも忘れないようにしましょう。

2 不動産情報サイトを毎日チェックする

先ほど、ちょっと変わった購入ルートを紹介しましたが、不動産を売ってくれる相手には望めばすぐに出会えるというわけではありません。

ですから、そうした機会を探りつつも、地道に物件検索などの行動を続けることが、結局、購入への早道になります。

毎日、継続的に複数の検索サイトをチェックし、条件に合うものに順に問い合わせを入れる。問い合わせたものを見に行って、希望の価格で指値を入れる。

これが、中古物件投資で物件を見つけるための基本中の基本です。

一つ実例を紹介します。


私の友人が、「1R×12部屋の中古アパート」を最終的に450万円で購入しました。

彼は毎日、約3時間ごとにネット検索しています。そんな彼がある日、長崎市内の12世帯で500万円というアパートを見つけました。

土地は所有権で、平成築。エリアは良くはありませんが、満室は十分に狙える場所でした。


友人が「もしかして値付け間違いかな?」と思いながら電話すると、「ネットに掲載してまだ30分も経っていませんよ!」と業者さんが驚いたそうです。

価格は500万円で、間違いないということでした。

電話で安い理由を聞いてみると、「雨漏りがあります。あと、相続がらみで売却を急がれているようです」という返事でした。

解決できそうだったので、友人は「多分購入する」ことと、「すぐに現地を拝見したい」

ことを伝えました。

そして、翌日の午後に近くの喫茶店で待ち合わせてそのまま物件に行き、一番で内覧することを約束したのです。

現地に行くと、経年劣化が激しく、リフォームにお金が掛かりそうでした。

そこで彼は、価格交渉をしたのです。

「購入させていただきたいのですが、金額面の相談は可能ですか？」

すると、「450万円くらいならいけると思います」という返事でした。

それを聞いた友人は、その場で買い付けを入れました。

数日後、450万円の買付が通ったと返事があり、約2カ月後に売買契約・決済の日程が決定しました。

この間にも、問い合わせの電話が何本もあり、中には、

「満額プラスアルファを支払うので、買付の順番を1番にしてほしい」

と言う方もいたそうですが、営業マンの方が断ってくださいました。

「既に買い付けが入っており、話も進んでいますので、そのような対応はできません。弊

社としても信用問題になりますのでご了承ください」

そして、その物件は無事に友人のものとなったのです。

こういうときに、価格の高い買付を優先して、順番をひっくり返す業者さんも少なくありません。

そんな中で、指値を入れたにもかかわらず、一番手の買付を優先してもらうことができたのは、彼が誠実な態度で業者さんに接していたからだと思います。

また、彼が、「買った後にうるさいことを言わない」と伝えたこともよかったのでしょう。小額物件ほど、業者さんは「面倒なこと」を嫌がるからです。

3 ネット検索＋《プラス》直接訪問してみるとチャンスが広がる

この話をすると、「でも、ネットを見てもそんな価格の物件なんて、めったにないですよ」という人がいます。

この方の主張は間違いではありません。それでも粘り強く探せる人が良い物件を買える人なのですが、弱音を吐きたくなる気持ちもわかります。

なぜ、ネットで格安物件を見つけるのは簡単ではないのか？

理由はシンプルで、世の中には多くの格安不動産が存在するのに、不動産屋さんはそれを売買しても儲からないので、積極的に扱わないからです。

安い物件を預かっても、ネットに載せると問い合わせが殺到して対応が大変だから、格安物件は店頭に来た人や直接の知り合いにだけ紹介するという業者さんもいますし、放置したままで何もしないという業者さんもいます。

このような背景から、毎日ネットを検索して格安物件を探しているのに見つけられないという人も多いのです。

ここを打破するには、狙ったエリアの不動産会社を直接訪問して、売り物件がないか尋ねてみることが有効です。

ただし、すぐに地方まで出かけて不動産会社を訪問することができる人ばかりではないでしょう。

その場合はやはり、ネット検索が物件探しの基本となります。

そして2024年、そういう人にとっては好材料といえるニュースがありました。

国土交通省が宅地建物取引業者の報酬規定の改正を行ったというものです。

この背景には、宅建業者が「地方の安い空き家を売買しても実入りが少ない」という理由で、空き家の売買に積極的にかかわらないという問題がありました。

今回、国がその対策として、これまで「物件価格400万円以下の宅地建物」を対象に、「売主からのみ最大18万円×消費税分1・1（19・8万円）まで報酬を受領できる」とされていた内容を変更し、「物件価格800万円以下の宅地建物」について、報酬の上限を「30万円×消費税分1・1（33万円）」にするという条件に変えたのです。更に、「買主からも最大33万円の報酬」を受け取れるようになりました。

目的は「空き家の流通を促す」ことで、報酬規定の改正は6年ぶりとのこと。

国が空き家問題を本気でなんとかしようとしていることがうかがえます。

数字の部分だけ見ると、仲介業者のメリットばかり大きく、物件を買う側にとっては手数料が大幅にアップする損なルール改正に感じます。

しかし、見方を変えれば、これまで所有者が不動産会社に売却を依頼しても、「儲からない」という理由で放置されていた格安物件たちが、マーケットに出やすくなったわけで、ネット検索の効率が上がる可能性があるのです。

仲介手数料がアップしたため、利回りはその分下がることになりますが、そこは指値を入れたり、リフォーム費用を抑えたりすることで、カバーしたいところです。

話を物件の探し方に戻します。

検索時には、「売りアパート」の項目だけでなく「売り土地」についても確認します。すると、備考欄などに「古家付き」と記載された売り土地が結構な割合で存在するはずです。そうした物件も見ていきます。

問い合わせを入れるときは、メールではなく電話をかけるようにします。

その方が早く、より多くの情報を聞き出せるからです。

4 高利回りを狙うなら、人の何倍も行動すること

注意点として、電話口では踏み込んだ価格交渉をしないようにしましょう。

最初の問い合わせでは、「売り主様の情報」「売りに出してからどの程度経過しているか？」「どの程度まで指値できそうか？」について簡潔に確認するだけで十分です。

「もう長く売れ残っていますし、ある程度は値引きも相談できると思います」と言われたときは、チャンスです。

そして、値引きの可能性が少しでもありそうなら、手土産を持って現地に向かい、物件を見せてもらいましょう。

「現地に行くなんて、交通費がもったいない」とか、「仕事が忙しくて、そんなに何回も遠方まで出かけられない」と思う人もいると思います。

しかし、高利回り物件を狙うなら、人の何倍も行動するしかありません。

かかった交通費など、物件を一つ購入できればすぐに取り返せます。

買えない人は、買えない理由ばかり探します。

「ここ数年は特に不動産の値段が上がっている」

「自分のような初心者には難しい」

そんな先入観を持っていると、行動の足枷になります。

初心者さんでも、行動できる人は買えています。

株などと違い、不動産は相対取引です。他に買う人がいなければ、大幅な値引きをしてもらえる可能性はあるのです。

やる前から「無理」と考える癖がある人は、その考えから改める必要があるでしょう。

5 地元の不動産営業マンさんから安くなりそうな情報を聞き出す

物件を見に地方まで出かけたら、ネットに出ていた物件だけを見て帰ってきてはいけません。

格安物件を扱っている不動産会社は、他にも同じような物件情報を持っている可能性が高いので、営業マンさんに次のようなお願いをしてみましょう。

「せっかくなので、他にも物件を見せていただけませんか?」

「扱っている物件の中で、一番価格の低い物件はどれですか?」

「2年以上売れていない物件はありませんか?」

ここで、次のような返事が返ってきたら、チャンスです。

「『いくらでも良いから引き取って欲しい』と頼まれている物件が○○町にあります。ただ、残置物が多く荒れ放題なので引き合いがありません」

このような「価格が安くて問い合わせは多いが、案内しても問題があって決まらない」という物件を預かると、営業マンさんはその1軒の案内に忙殺されることになります。

ですから、そのような物件に対して買いたい意思を見せると、「お荷物物件が片付く」と喜んで、値引きに協力してくれることがよくあります。

6 わからないことは自分で調べる

長崎で中古物件投資を始めた時、初めてでわからないことがいくつもありました。

その中には、不動産投資を扱う書籍にも、先輩投資家のブログを読んでも答えがないようなこともありました。

ご存じの方も多いと思いますが、土地などの物件には、「地番」と「住所（住居表示）」の2つが存在しています。

住所は郵便物の宛先を書いたり、各種の書類申請などで住んでいる場所を特定したりするために、生活する上で必要不可欠なものです。

一方の地番に関しては、法務局が登記で、税務署や市役所が税務で管理する以外に、ほとんど使われることがありません。

そして、中古物件投資をしていると、地番はわかるけれど、住所がわからないという物件に出会うことがあります。

私も過去に、こんなことがありました。

長崎市内の古い物件を0円で譲っていただく手続きを進めていたときのことです。

自宅で物件資料を読んでいると、あることに気付いたのです。

それは、「物件概要書」や「譲渡契約書」に、物件の住居表示の記載がなく、「長崎市○○町＊＊番」という地番しか分からないということです。

土地建物の取引においては、法務局が必要とする「地番」で事が足りるものの、入居者さんの募集を行うためには、やはり「住所」（住居表示）が必要となります。


翌日、長崎市役所の都市計画課に問い合わせをしてみました。

「○○町に最近物件を購入したのですが、住居表示が分かりません。ここの住居表示は何番でしょうか？」

すると、長崎市の担当者さんから、意外な答えが返ってきました。

「うーん・・・あなたの物件にはまだ、住居表示がされていないようですね」

詳しく話を聞いてみると、昭和37年に制定された「住居表示に関する法律（住居表示法）」によって、それ以降に登記された長崎市内の住宅は、地番とは別に住居表示が用意されることになったのですが、それ以前の土地建物については、住居表示が設定されていなかったということがわかりました。

しかし、そのままでは新たな入居者さんが不便を被りますから、住居表示をもらう方法を尋ねてみると、「それでは明日、現地調査を行ないます。明後日には発行できると思います」という返事でした。

2日後に都市計画課の方から、「予定通り住居表示（住所）が発行されました」と連絡をいただき、無事に問題は解決しました。

「住所って、案外簡単に決まるものなんだな・・・」と感じました。

おそらくこのようなケースは、長崎に限らず全国各地で起こり得ることだと思います。人口が少ない町や村の郊外では、「地番＝住所（住居表示）」で通用するエリアもあります。しかし、市クラスの自治体であれば、それでは不便が出るはずです。

もしも、自分が買おうとしている、または購入検討している物件が「○○町○丁目＊＊番」といった地番表示だった場合は、私のように市役所に問い合わせて、住所を発行してもらうといいと思います（私の時は、費用負担はありませんでした）。

基本的に、不動産取引でわからないことは、仲介会社さんに訊けば教えてくれます。

しかし、仲介会社さんの動きがよくない場合や、格安物件でよくある「個人売買」で業者さんを頼れない場合には、自分で調べることになります。

正直、面倒です。しかし、よくいわれることですが、ビジネスは他人が面倒だと思う部分に儲けの源泉があります。

ですので、私はここで書いた住所表記のこと以外でも、水道やガスの引き込み状況、接道の確認など、わからないことがあれば自分で役所などに相談に行き、解決してきました。ほとんどの担当者の方が親切で、丁寧にやり方を教えてくれました。

手間はかかりますが、こうした経験は不動産投資家としてのスキルアップとなり、その後の投資にも生きてきます。

7 パートナーの不動産業者、弁護士、司法書士などに情報の網をはる

最近、弁護士の先生からの紹介で物件を購入しました。

相続放棄の物件の財産管理人になった弁護士の先生が、「買ってくれませんか」と連絡

をくださったのです。

同じように、物件を預かった司法書士の先生から情報が入ることもあります。

なぜ、家族や親せきが相続しないで、弁護士や司法書士が所有者になるのか不思議に思う方もいるかもしれません。

簡単に説明すると、身寄りのない方が亡くなり、その方が不動産を所有していた場合、その処分を国が弁護士に依頼するのです。刑事事件の国選弁護人のようなものです。

彼らはその家を売っても自分の利益になるわけではないですし（売れたお金は国庫に入る）、仕事を早く終わらせることを優先するので、高く売ろうとは考えません。そのため、私も30万円以下などの安い価格で買わせていただくことが多いです。

この弁護士さんとは人の紹介で知り合い、物件が出たら紹介してもらえるようお願いしたことで、ご縁ができました。

このように、一見、不動産とは関係ない職業の方から物件購入につながることは珍しくありません。

ですから、士業の方に限らず、普段から「物件情報をくれる人はどこにいるかわからない」という意識を持っておくことはとても重要です。

私の経験でいうと、リフォーム屋さんや職人さんからの紹介はいくつもありましたし、その他にも解体屋さんの解体予定物件、市役所の方から市へ寄付したいと持ち込まれた物件で、市の基準を満たさなかった物件などもあります。

ちなみにこの方たちは、「仕事」として連絡をくれるわけではありません。

会社抜きで、個人対個人の関係で情報をもらうことがポイントです。

お願いするときは、「いい物件があったら紹介してください」というような漠然とした言い方ではなく、「このエリアで800万円以下になるアパートか、100万円以下になる戸建があれば一番に紹介してください」というように、具体的な希望を伝えることがポイントです。

その上で、教えてもらった物件を買えたときは、紹介してくれた相手に必ずお礼を渡すようにしています。

コラム　事故物件はありなのか？

私はこれまでに数多くの事故物件を取得してきました。

具体的には、その家に住んでいたお年寄りがそこで病死したという物件です。

今でこそ病院で亡くなる方が大半ですが、昔は「自宅で息を引き取る」ことは自然なことでした。

たとえ孤独死だったとしても、自宅で天寿を全うすることが事故なのか？　ということについて、私は大いに疑問を感じるのです。

ですから、私はそういった物件については、価格や建物の状態などのプラス要素がマイナス要素を上回るようであれば、躊躇なく購入しています。

（自殺や事件の重い心理的瑕疵物件はプラス要素が少ないので見送ることが多いです）

これまでの経験上、相場より低めの家賃で募集を掛けて、入居希望者さんにもきちんと告知を行えば、入居後にトラブルになることはありません。

第4章

買った後で後悔しない！地方・中古アパート購入時のチェックポイント

この章では、ネットや足で探した物件を実際に見に行って検討する際に、どこをチェックすればよいのか、という点について説明します。

いくら安い物件を買えても、想定以上の工事費用がかかったり、まったく入居者が入らなかったりするようでは、買わなければよかったということになってしまいます。

特に初心者の方は、アパートのどの部分に修繕が必要か、そのリフォーム代はいくらになりそうかを予想することは簡単ではありません。

実際に、戸建ばかり持っている投資家の方から、「戸建のリフォームでも予定通りに行かないことがあるのに、アパートのリフォームなんて想像もつかない」と相談されたことがあるくらいです。

しかし、どんなこともそうですが、勉強すること、最初のうちはプロに力を借りることで乗り越えることができます。

ぜひ多くの物件を見て、投資家としての実力をつけて、アパート投資に挑戦してほしいと思います。

1

"投資対象物件"かどうか？まず確認すべき「2つ」の最低条件

★条件1：賃貸需要がある

当然ですが、アパートを買う以上、賃貸需要があるものを選びましょう。いくら安く物件を買えても、家賃が入らなければ投資としては失敗です。

私は不動産投資とは、「お金が入る仕組みを買うもの」と考えています。

ですから、物件を検討する際には、「すぐに申し込みが入る立地と間取りか」「家賃をいくらいただけそうか」「長く住んでもらえそうか」という部分を重要視しています。それが難しいものは、無料でも欲しいと思いません。

賃貸需要を調べる方法は簡単です。

その地域の不動産屋さんを訪問したり、電話をしたりして、「このエリアの賃貸物件の購入を検討しているのですが、賃貸需要について教えていただけますか」と素直に聞けばOKです。

「そこは何をしても埋まらないよ」「よくても家賃は○万円だね」というマイナスの意見が中心なら慎重になった方が良いですし、「そこはスーパーが近くて若い夫婦に人気ですよ」「家賃は△万円なら固いと思います」というプラスの意見が中心なら、前に進んでいいでしょう。

また、この時にできれば3軒以上の不動産屋さんの声を聞けると間違いが少なくなります。補足すると、私自身はこうしたヒアリングで不動産屋さんが「この物件なら家賃○万円くらいです」と言った9がけの値段（5万円なら4．5万円）でも無理なく運営できるレベルで経営計画を立てています。

★条件2：建物の状態が想定利回りを達成できるレベル以上

賃貸需要が見込まれる場所でも、建物の状態が想定利回りを達成できるレベルにない場合は、購入を見送った方が賢明だといえます。

「建物の状態が想定利回りを達成できるレベル」というのは、「リフォームにコストがかかりすぎない物件」ということです。

入居者付けに必要なリフォームを、想定している利回りの範囲内で実施できるかどうか？　ということが一つの判断基準になります。

過去に買ったアパートの例を紹介すると、屋根と壁がツタで覆われていたため、それを剥がす作業と、大工工事による下地交換&外装板・雨どい交換などで２００万～２５０万円かかりました。

建物の中は1世帯当たりの床・壁・天井の大工&クロス工事に50万円、水回りの設備入れ替えに20万～35万円、下水接続に30万～50万円が必要でした。

この物件は8世帯でしたので、賃貸可能な状態にするためには最低でも「100万円×8世帯＝800万円」かかったことになります。

もちろん、物件の状態や規模によって価格は変わってきます。

リフォームにいくらかかるかを事前に把握できるようになることは中古物件投資で非常に大切ですので、建物を直す時の工程や相場については、様々な機会を利用して学ぶようにしてください。

自分でわかるまでは知り合いの大工さんに検討中の物件への同行と見積もりをお願いするのが理想的ですが、それが難しい場合には、「ポケット版　積算資料リフォーム編」（建築工事研究会／編著）という本が参考になると思います。

2

構造、インフラ、残置物??
初心者が〝見落としがち〟な「４つ」のチェックポイント

安く買える物件は基本的に古いですし、空室期間が長いことも多いです。

中にはかなり傷んでいるものもありますが、ダメージが大きいと建物の安全性が保たれなかったり、リフォーム費用が高額になったりしますから、購入前に大きな問題がないかをチェックする必要があります。

最初のうちは、大工さんやインスペクターの方にお金を払って一緒に見に行ってもらうことを検討してみるのも良いと思います。

チェック1　建物の構造部分の点検

確認ポイント①　基礎の状態・シロアリ被害の有無

私は物件を購入する前に、必ず建物の床下・基礎をチェックするようにしています。

・建物外部を回り、目視でひび割れや損傷が無いか？　を確認
・室内に入り、点検口等から床下や屋根裏を確認
・屋根に上り、瓦や雨どいなど屋根回りの状態を確認

その他にも、過去の地震による影響や、不同沈下・湿気による被害の有無などを目視で確認します。

傾きがある物件は基本的には避けています。特に地盤沈下が原因と思われるものは、購

入後にさらに傾く可能性があるため、どんなに安くても手は出しません。

一方、すでに傾きが止まっているという場合は、1戸あたり30万円程度の工事で水平にできるなら、買うこともあります。


外側を見たら、次は室内です。

室内では、「シロアリ」の被害について入念にチェックします。

ここからは体験ですが、以前紹介されたアパートで、共用廊下や室内にシロアリの死骸が落ちている物件がありました。外壁の隙間から中を見ると、シロアリが木材を食べた痕跡である「蟻道（ぎどう）」も確認できました。

また、1階のユニットバスの天井にある点検口からＬＥＤライトで2階の床下を確認したところ、同じくシロアリ被害の跡が複数確認できました。


このアパートのシロアリの駆除と予防の見積もりを取ってみたところ、駆除に約75万円、被害箇所の木材交換に最低でも１５０万円かかるという返事でした。なかなかの金額だったので、この物件は見送ることにしました。

この時は、買付証明書に次のように記載しておいたため、スムーズに買い付けを取り下げることができました。

・決済前に物件調査（シロアリ・雨漏り調査等）を実施させていただくことを本買い付け発効の条件とさせていただきます。

・上記、物件調査の結果、物件に深刻な問題が発見されないことを本買い付け発効の条件とさせていただきます。

古い木造物件で蟻道が見つかることは珍しくない

ちなみにシロアリがいたら絶対に買わないというわけではなく、駆除費用などをかけても想定利回りを達成できるなら、買ってよいと思います。

ちなみに私が過去に購入した物件では、ほとんどのケースで前オーナーが5年間のシロアリ保険に加入していました。

私はそれを引き継ぎ、期間満了までその保証を利用させてもらうようにしています。保険期間を過ぎた物件については、シロアリ予防の薬剤を床下等に散布して、被害を防いでいます。

確認ポイント②　躯体（柱や梁（はり））

次に確認すべきポイントは、柱や梁（はり）等の「躯体」です。建物の骨格に当たる部分ですから、古くてもしっかりしているものを選びましょう。

壁が少なく窓が多い物件、柱がグラグラしている物件などは、「耐震診断」を受けると安心です。

強度が足りない場合には、大工さんと相談の上、必要なら補強金物等の施工を検討しましょう。金物自体の価格は安いものなので、大工さんに直接お願いすれば、１部屋数万円程度で耐震補強できるはずです。

物件所在の地方自治体から、耐震補強の補助を受けられるケースもありますので、市区役所の担当部署に確認してみてください。

適切な補強工事を行った上で梁などをあえて見せる仕上げにすれば、建物の安全性向上と室内の開放感の演出を両立できる

確認ポイント③　水仕舞い（雨漏り）

「屋根の水仕舞い」も建物を守るために大切な部分です。

明らかに雨漏りの跡が確認できる場合は修繕工事を行う必要があります。

「雨漏りの有無」を調べる方法は簡単です。

室内側から天井を見て、雨染みがないかどうかを確認するだけです。

玄関や階段・押入れの天井部分も忘れずにチェックしてください。

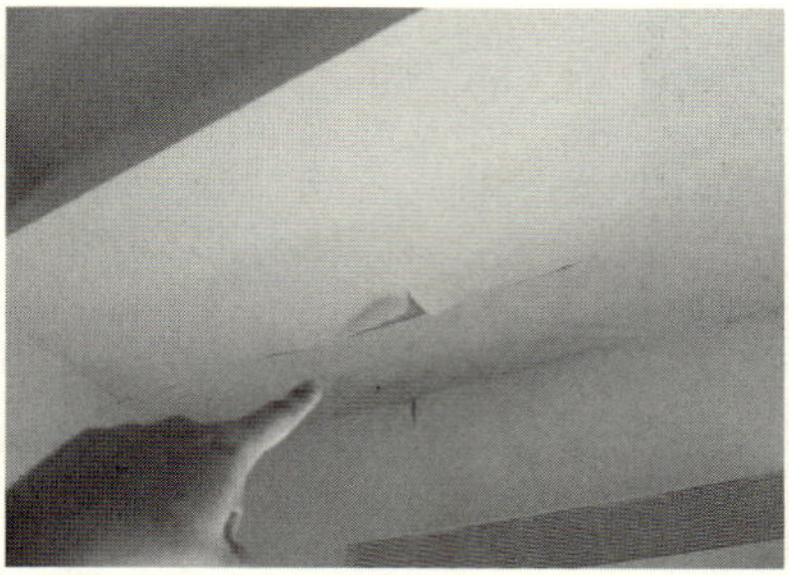

天井部分の壁紙が張り替えられていて雨漏りの跡がわからない場合もあるので、天井裏の確認もできれば理想的です。

雨漏りは木造の場合は比較的容易に修繕できますので、雨漏りがあるから絶対にNGと考える必要はありません。私も雨漏りの跡のある物件はいくつも買ったことがあります。

確認ポイント④　外階段と廊下

古いアパートでは外階段や2階の外廊下の手すりや床が錆びついているというケースが珍しくありません。

美観上の問題だけならペンキで塗装すれば解決できます。しかし、鉄部がボロボロになっていて安全性にまで支障をきたしている場合、購入後に補強工事が必要になってきます。補強では十分ではなく、階段や廊下を作り直すことになった場合は、１００万円単位のお金がかかるので、事前の調査は必須です。

ちなみに、過去に古いアパートを紹介されたときの話ですが、現地に行くと2階の共用廊下の一部が崩落してなくなっていました。

廊下の真下を確認すると、廊下を支える鉄製の柱や梁がその部分だけ抜け落ちたようになっており、大工さんと鉄骨屋さんに見てもらったところ、「共用廊下設置時の手抜き工事が原因だろう」との見解でした。

この時の工事の見積もりは約２００万円でした。階段全部となったら、３００万円以上かかったでしょう。

収支計画に大きな影響を与える金額ですので、階段と外廊下の傷みについては、甘く見積もらない方が良いといえます。

チェック2　インフラの状態確認

確認ポイント①　下水道

物件が下水道に接続されているかどうか？　は、最も重要なチェックポイントのひとつです。売り主様へ確認するのが基本ですが、トイレを確認することでもある程度の判断は可能です。

通常の水洗トイレだった場合、下水道につながっているか、浄化槽が設置されている可能性が高いといえます。一方、トイレが汲取り式や簡易水洗の場合には、下水道に接続されていないケースがほとんどです。

古いタイプのトイレは下水道につながっていないことも珍しくない

※簡易水洗とは、少量の水で流すタイプのトイレのことで、飛行機や新幹線のトイレのようなイメージです。

下水道に接続されていない場合は、物件の前の道路まで下水管が来ているか？　物件の前の道路まで下水管が来ている場合、そこから物件までの接続費用はいくら必要か？といった事柄を確認します。

浄化槽が設置されている場合は、その維持管理に掛かるコストと下水管への接続コストを比較検討し、有利な方を選択することになります。

工事をする場合は、各自治体の水道局に問い合わせましょう。水道局が指定している「指定業者」に依頼することになると思います。

確認ポイント②　上水道

「上水道が通っていない」というケースは滅多にありませんが、長く空室だった場合、水道メーターが撤去されていて、メーターの再設置に「水道利用加入金」等の名目で費用が

ワンルームアパートの上水管の水道メーターより末端側を全交換している様子。サビ水が出ているアパートを大幅指値で購入し、上水管の交換を行うことで高利回り物件を作ることができる

かかることがあります。

通常は6万円程度ですが、不意の出費は可能な限り避けたいものです。

メーターが設置されていなくても、管轄の水道局に「中古で物件を購入した」と説明し、相談すれば加入金の負担を免除してもらえるケースもあります。

上水道に関して気にしたいのは、「赤水・黒水」です。

これは文字通り、水道水に赤色（赤サビ）や黒っぽい色（黒サビ）がついている現象です。鋼管の経年劣化によって、管の内部が腐食して水に混じるのが原因です。

中古物件では赤水や黒水が出る可能性が非常に高いです。物件自体が古く、途中で水道管の更新工事をしていない限り、昭和時代の鋼管をそのまま使っているケースが多いためです。

投資家さんの中には、「赤水や黒水の出る物件は買わない方がいい」という方もいますが、私はそうは考えません。

水道管の更新工事が安価で済む、指値で安く買える、といった条件が重なれば、むしろ積極的に買うと思います。なぜなら、水道管のサビ問題は、ある程度のコストを掛ければ解決するからです。

人が住む以上、水道は必ず必要ですから、必要経費としてしっかり直すのが良いと思います。もちろん、それでも投資として成り立つような価格で買うことは言うまでもありません。

確認ポイント③　都市ガス

LPガスは大家の味方。様々なメリットがあるので導入しない手はない

都市ガスは通っているに越したことはありませんが、もし通っていなくても問題はありません。購入後にＬＰガスを導入すれば、何も支障はないからです。

ＬＰガスはどんな場所にも導入できるのがメリットです。階段の段数が２００段を超えるような山の上のアパートでも問題なく導入できます。

ガスの価格は会社によって異なるので、何社か見積もりを取ってみると良いと思います。

確認ポイント④　テレビアンテナ

築古物件の場合、テレビアンテナが設置されていないケースや、設置されていても地上波デジタル放送に対応していない、老朽化のため使用できないなどのケースが多く見られます。

対策ですが、私は購入後にケーブルテレビ会社と契約しています。

多くのケーブルテレビ会社で、月額６００円程度で地上波のみ供給してもらえるプランが提供されています。

物件に電力や電話・インターネットを供給している引き込み線。中古物件のリフォームは表面的な床壁天井に目が行きがちだが、目につきにくいインフラの健全化こそが重要

初期費用も2万円程度で大掛かりな工事も不要です。

私は物件のリフォームに合わせてケーブルテレビの契約と導入工事を行い、電気職人さんに来てもらう際に、あわせてアンテナコンセントの設置をお願いするようにしています。

チェック3　環境や残置物の確認

確認ポイント⑤　再建築可能か、前面道路の種類は？

購入したい物件が再建築不可かどうか、前面道路の種類は何かを確認することも大切です。これは不動産屋さんに聞けばわかります。個人売買の場合には、物件の所在地の役所に行って確認することができます。

念のため説明すると、「再建築不可物件」というのは、例えば接道幅が2メートル未満であるなど、建築基準法上の要件を満たしていないため、文字通り、将来的にその建物を建て替えることができない物件を指します。

しかし、デメリットがある分、安く買えることが多いため、私もいくつか所有しています。

ちなみに、これまで入居希望者さんから「この物件は再建築不可だからイヤだ」「この物件は再建築不可だから家賃を下げてください」などと言われたことは一度もありません。

つまり、資産価値を重視した購入や転売を目的とする場合は減点になりますが、毎月のキャッシュフローを得るために物件を購入するなら、再建築不可であっても実質的なリスクはほとんどないということです。

安い物件を探していると必ず、再建築不可物件に出会うことになりますから、このあたりの方針は事前に決めておいた方が良いと思います。

前面道路の種類についてもしっかりと確認する。道路付けで物件の価値は大きく変わる

確認ポイント⑥　近所に嫌悪施設はないか

立地が良いのに安い物件を探していると、近所に次のような「嫌悪施設」があるケースがあります。

・墓地や火葬場
・暴力団の事務所
・産廃処理場

・風俗営業店
・騒音や臭気の出る工場
・ゴミ屋敷

私自身は、どの施設がいいとか悪いとかではなく、現地に行ってみて「これでは賃貸付けは難しいな」と判断した場合、買うのを控えています。

普段からかなり安い物件を買っているので、このようなリスクのある物件をわざわざ買う必要がないのです（これは事故物件に関しても同じことがいえます）。


ただし、墓地については気にしません。

なぜなら、長崎では墓地に対して、独特の考え方があるからです。

例えばお盆の時期には家族で朝から墓参りに行く人が多く、その際にはお弁当や花火・爆竹を持参して、お墓の前でお弁当を食べるのだそうです。

つまり、長崎の方は墓地を嫌悪施設としては捉えていないようなのです。

実際に、私は近くに墓地がある物件も持っていますが、空室が続いた経験はありません。

こういうことは地元の人でないとわからない部分ですから、遠隔地に物件を買う場合には、自分の旧来の知識にとらわれず、現地で情報収集をすることが大切です。

確認ポイント⑦　残置物の有無

私はこれまで多くの中古物件を購入してきましたが、全体の3分の1～半分近くは、残置物で一杯でした。

背景には、売主さんが高齢で清掃が出来なかった、物置代わりに使っていた家だった、そもそもゴミ屋敷だった、というようなことがあります。

残置物の内容は、家具家電、食器や調理器具、置物や美術品、衣類、寝具など様々です。過去には、ネコの骨壺があった物件もありました。

このような物件を買っていいかどうかですが、価格次第といえます。

一般的に、残置物の多い物件は購入をためらう人が多くライバルが少ないですし、残置物の処分を理由に大幅な指値が通ることも期待できます。

残置物を処分する手間や費用は掛かりますが、それを差し引いても良質な物件が格安で手に入るなら、見送るのはもったいないと思います。

残置物の処分の方法ですが、オーソドックスなやり方は、地元の産廃業者さん2～3社程度に声をかけて、相見積もりを取ることです。

残置物の処分費用は見積もりにバラツキが出ることが多いので、相見積もりは必須です。

長崎では通常、トラックを横付け出来る物件だと、2トントラック1台あたり、2～3万円程度だと思います。

トラックから物件まで距離があったり、階段立地で運び出しが大変だったり、リサイクル家電が多かったり、畳などの処分もあわせて依頼したりする場合は、高額になります。

量が少なくて、自分で動ける人であれば、ホームセンターやレンタカーショップで軽トラを借りて、自分で処分場に持ち込んだり、（売れるものは）リサイクルショップに買い取ってもらったりということもできます。

大きな残置物だけ「業者」にまかせて、それ以外の残置物は「ＤＩＹ」で処分するといったハイブリッドなやり方も一案かと思います。

中古物件投資では捨てるものが多く出やすい

チェック4　入居付けに関する情報の確認

確認ポイント①　駐車場の有無

アパートといえども、地方では駐車場は必須です。

かなりの好立地の物件と、生活保護の方をターゲットにする物件を除くと、駐車場はマストと考えて良いでしょう。

ただし、安い物件は駐車場がないこともよくあります。

そんな時は、近隣に空き駐車場がないか、ある場合はアパートの入居者用に借りられるかを確認するようにします。

駐車場を確保できない場合はかなり家賃を下げないと埋まらないかもしれません。私はそういう物件は無理に買わないようにしています。

分です。

確認ポイント②　共用部の状況

共用部というのは自転車置き場やゴミ捨て場、階段や廊下、掲示板など、居室以外の部分です。

例えば廊下に洗濯機が置いてあるなら室内に洗濯機置き場がないといった情報を得ることができます。

入居者がいる物件なら、共用部が整然としているかどうかで、入居者のある程度の質が予想できます。（管理会社が入っているのに荒れている場合は、管理会社に問題があって空室が多くなっているという可能性もあります）

確認ポイント③　入居者の情報

私は全空の物件を買うことが多いですが、入居者のいるアパートを買うこともあります。そこで必ず確認するのが、「既存の入居者が家賃保証会社に入っているか」ということです。

保証会社に入っていれば、滞納があった時も保証会社が代わりに家賃を払ってくれますし、滞納が長引いた時にも退去勧告や追い出しまでお願いできます。

理想は全員が保証会社に入ってくれていることなのですが、古くからの入居者は保証会社に入っておらず、保証人が一人いるだけ、というケースも多いです。そういう方が滞納になると長引く可能性があります。

また、不良入居者がいるかどうかも事前に確認しておいた方が良いでしょう。

売主さんはあえて言わないことがありますので、「この物件に住んでいるのはどういう方ですか？」と近所の人に聞いてみると良いと思います。

もしクセのある入居者さんがいても、管理会社に任せれば投資家である自分自身が直接、話すことはないと思いますが、それでもトラブルが多いとストレスになるものです。

不動産投資は、人間と深く関係している投資です。

物件を買う時には、自分がどんな入居者をターゲットにした不動産投資をしたいのか、方針を決めておくと良いと思います。

とにかく利回りが大事で、家賃をもらえれば入居者の質にはこだわらないのか。そうでないのか。

事前にその部分を考えておくと、迷ったときの指針になると思います。

自分の手に負えないと思えば辞めることも一つの選択肢です。

第5章

利回りアップの知恵！脇田流「コスパ重視リフォーム」術

中古で購入したアパートを賃貸に出すためには、満室の物件を除くほとんどのケースでリフォームが必要になります。ボロボロの場合、建物の購入代金以上のリフォーム代がかかることも珍しくないという話は、すでにお伝えした通りです。

部屋数が多いため、完全にキレイにして貸し出すには、どうしても一定以上のリフォーム費用がかかってしまうのです。しかし、その分、家賃収入も増えるのでここは頑張りどころです。

そんな中で、できる限り予算を抑え、入居希望者のニーズを汲み取り、住み始めてからもトラブルがない形で適切なリフォームを行うにはどうしたらいいのでしょうか？

ここで重要になるのはコストと修繕内容のバランスです。コストを抑え過ぎればまだすぐに修繕が発生します。そのような事態を避け、10年・20年と安定して貸し出せることを意識する必要があります。

私は、2007年の大家初心者時代から17年間この課題と向き合い、試行錯誤しつつも2024年現在での一つの答えを出しています。

この章では、そんな私が実践しているコスパ（コストパフォーマンス）を重視し、入居募集にも強く、安定した長期経営が望める中古物件リフォーム術についてお伝えします。

1の知恵 令和の最新常識！「中古アパートリフォーム」４つの基本ポイント

アパートの場合、戸建に比べると水回りの数も多く、買う前にリフォーム費用を予想することは、それほど簡単ではありません。

特に、安く買える物件は空室が多かったり、長い間人が住んでいなかったものが多いので、傷み具合と大きさによっては、１０００万円を超える金額になることもあります。

しかし、投資である以上、やるからには目標の利回りを達成する必要があります。

ポイントはコストを抑えつつ機能は落とさないこと、そして、内見に来られた方がどこを見るかを意識して工事を行うということです。

適切なリフォームをして、長く満室経営を行っていくために、私が実践していることを紹介します。

ポイント1　賃貸需要に合った間取りにする

私が所有している中古物件は、戸建やファミリー向けアパートなど、一戸当たりの面積が広いものがほとんどです。

それは、同じような価格の物件なら、家賃を高く設定できて入居付けにも強いファミリー物件を中心に取得した方が有利という理由からです。

市場には単身向けの物件が数多く供給されており、表面的な利回りや世帯当たりの物件価格のみを基準にした場合、狭い間取りの物件ばかり購入することになりがちです。

しかし、私は戦略的にあえて表面利回りを重視せず、中長期的に安定経営がしやすい広い間取りのファミリー向け物件を選んでいます。

短期的には利回りが下がるように見えますが、長期的な実質利回りを重視すると、そのような判断になるのです。

また、私は投資対象を長崎市の中でも路面電車の駅から5キロ以内のエリアに限定するようにしています。

著者 脇田雄太の活動紹介

サラリーマン時代の副業からスタートした不動産投資歴は17年。気づけば100室超えの大家となり、家賃年収は5000万円を突破しました。そんな脇田の経験を活かし、本書でお伝えした、地方・長崎の中古アパートや戸建て投資で皆様が成功するお手伝いを大家業の傍らにさせていただいております。

●コンサルティング（投資サポート）

脇田が、あなたの専属コンサルタントとして不動産投資をお手伝いします!

脇田におまかせいただくメリット

①不動産投資に成功した脇田が直接アドバイス！
②いつでも相談しやすい専属コンサルタント
③豊富なプランでご依頼者様にあった投資を実現
④長崎市にて600世帯以上の不動産を扱う確かな実績
⑤手間をかけずに『全自動運転』で不動産投資
⑥メディアで取り上げられた不動産投資ノウハウ
⑦グループで安定資産構築をフルサポート

お問合せ・公式HPよりご要望をお伝えください。
脇田雄太事務所 **https://wakita.in**

YouTube ボロ物件専門大家 **脇田雄太【ワッキー】チャンネル**

★インターネット「脇田雄太 YouTube」で検索！

【すぐに役立つコンテンツ満載！】

【訳アリ?】40万円戸建／アパートのリフォームが完成！／リフォーム中のアパート公開！

脇田に直接聞ける！大好評【YouTube ライブ】質問会も「毎月」開催中！ ➡ 次回日程はHPにて！

そうすることで、築古・階段立地といったデメリットをカバーしているのです。

このような戦略を採用している私ですが、ワンルームや1DKのアパートも持っていないわけではありません。

積極的に買いはしませんが、ものすごく安い場合には買うこともあるという感じです。

ただし、購入後は一戸当たりの面積を広げる工事をして、ファミリーでも住める賃貸物件として再生することが多いです。

一つ、事例を紹介します。

以前、ワンルーム18世帯で30万円というアパートを買いました。

2階建ての木造アパートで、壁に穴が開き、部屋の中にもツタが入り込んでいる全空・ボロボロの物件です。

鉄の階段と廊下は特にひどく、直すにはかなりお金がかかりそうでした。

そのため、階段部分は撤去して鉄くずとして売却することにしました。

なぜ階段を撤去しても問題ないかというと、1階と2階を室内でつなげて広めのメゾネットとして再生するからです。

ワンルーム×18室のままキレイに直しても、このエリアで満室を維持できる可能性は低いのですが、メゾネットにして二人暮らしができる広さの物件として募集すれば、満室経営はそれほど難しくありません。

部屋数が減るので利回りは落ちますが、長期に渡り、安定的にキャッシュフローを得るためには、こうした工夫が必要と考えました。

30万円という安さで買えたため、リフォーム工事にお金をかけても最終的に15%程度の

階段立地で面積のせまいアパートは安く買える可能性が高い

2階の共用廊下が朽ちて崩れていた。このままでは歩くことすら難しい

利回りを得ることができます。

このように、単身者向けの物件は天井を抜いて上下をくっつけたり、壁を抜いて隣の部屋とくっつけたりすることで、賃貸物件としての人気をアップすることができます。

ちなみに、2階建ての物件で1階と2階をくっつけるやり方には、3つのパターンがあります。私は金額に合わせて「松竹梅」でランク付けしています。

最もお金がかかる「松」は、1階と2階の間に階段をつくってメゾネットにする方法です。

二階の居室を撤廃して吹き抜けにした

次にお金がかかる「竹」は、階段は作らずにハシゴをかけて元2階をロフトとして使う方法です。

最も安価な「梅」は、1階の天井を抜いて吹き抜けにして、広さはそのままで天井の高い物件に変える方法です。

「梅」の方法では部屋の広さは同じなのですが、吹き抜けにして中をキレイにリフォームすると、開放感がプラスに作用するためか、他の単身者向け物件とはまったく違う次元で多くの申し込みが入ります。

コロナ以降は、全国的に単身物件は空室が目立っているといいます。日本人全体の手取り収入が減ったことで、実家から学校や会社に通う若者が増えた影響もあるようです。

エリアにもよりますが、地方では一戸当たりの面積が小さい物件は、入居付けで苦戦することが多いです。

考えてみれば、自分が借りる立場になってみた時に、同じ家賃ならば広い方を選ぶという人は多いはずです。

利回りを上げようと考えると、狭い部屋を多く貸すことを考えがちですが、長期的に考えるなら、広い部屋を作ることは正解といえるでしょう。

間取りの変更は後からやろうとしても簡単にはできませんし、お金もかかります。

物件の近くの賃貸業者をヒアリングするなど、最初の段階で満室になりやすい間取りを研究し、賃貸需要に合ったアパートに仕上げましょう。

少し話は変わりますが、私がコンサルをしているサラリーマン大家さんで、「資金力は十分ではないけれどアパートが欲しい」という方がいました。

自己資金は500万円。戸建を勧めても、「どうしてもアパートが欲しい」と譲りません。

少し背伸びをすることで、自分を追い込みたいというタイプの方でした。

そこでこの方には、前述した「夢のアパートプラン」を紹介しました。

まず、300万円の築古アパートを買って所有権移転をします。

次に、残りの資金で1戸だけリフォームを行い、客付けを行います。

そして、その部屋の家賃と新たな貯金で2戸目のリフォームを行い、そこも客付けをするのです。

そうして2年後、その4室のアパートは満室になりました。今では毎月16万円を超える家賃が入ってきます。

正直、リフォームは小さいものをバラバラと行うより、まとめて一気に進めた方が安くすみます。しかし、リピートでの発注を約束することでコストを抑えることも可能です。

自分のペースでコツコツと進めたいという方には参考になるのではないでしょうか。

ポイント2　アパートの第一印象は、「玄関を入ってすぐの印象」で決まる

初対面の人と会った際に、第一印象は数秒で決まると言われています。

どんなに優秀かつ誠実な人であろうと、見た目が
・ヨレヨレの服
・清潔感に乏しい

これでは、相手に良い印象を与えられないということです。そして、この法則は、賃貸アパートにも当てはまります。

では、アパートの第一印象は、どこにあたるのか？　それは、各世帯の玄関を開けてすぐの印象、そして外観です。

お部屋探しをしている方が初めてその物件の内見に訪れて玄関扉を開けた時に、「お洒落だな。ここに住みたいな」と感じるのと、「古臭い印象だな。ここには住みたくないな」と感じるのとでは、後から見た室内に大きな違いがなかったとしても、その後の契約率に大きな差が生まれるのです。

それくらい、各世帯の内玄関の印象は大切です。

また、内玄関に比べると優先順位は下がりますが、アパート全体の外観も予算に余裕があれば手を入れたい部分です。

築40年を過ぎた中古アパートであっても、外壁塗装を実施するだけで第一印象は大幅に向上します。

外壁塗装で重要なポイントは、「少し派手かな？」と思うくらい、明るい色を思い切って採用することです。

例えば、私が過去に行った外壁塗装でも、

・濃いオレンジ色
・黒の外壁に赤のアクセント

ワンルーム等のアパートではクロスの選び方が大きな差別化要因となる

玄関に入ってすぐ、正面の壁や天井のクロスをお洒落に

といった、ちょっと派手目な色調にしたところ、数十年間も満室にならなかったアパートが、半年で満室になったというエピソードもあります。

ただし、外観はほどほどでも、室内に入ってキレイにリフォームされていることが分かれば、ネガティブな印象は薄れますので、できる範囲でかまいません。

実際に、外観は古いままでも問題なく満室になっているアパートも多くあります。

また、お金をかけずに物件の印象をアップできる部分として、共用部があります。自転車置き場、掲示板、ゴミ置き場など、特別にかっこよくする必要はないので、古くてもこざっぱりとした雰囲気を出せるようにしたいものです。

ポイント3　水回りのバリューアップ

入居者がお部屋を選ぶ時に特に気にするのが「水回り」です。水回りとは、流し台や浴室・トイレ・洗面台・洗濯機置き場等を指します。

中古物件を再生して人気物件に仕上げるためには、この「水回り」をいかに競合物件と比較して魅力的に仕上げるかが重要です。

どんなに古い物件でも、水洗トイレ、給湯（蛇口からお湯が出る）、シャワーは必須です。なければ、リフォームで取り付けることになります。

もちろん、コストはできるだけ抑えることが大前提です。

①洗面台

リフォームするときには、ほぼ必ず洗面台を施工しています。

建物の広さや間取りに余裕がある場合は、間取りの変更を行い、浴室前に洗面脱衣所を設けて洗面台・洗濯機パンを設置します。

お風呂に入る前に洗濯物は洗濯機へ、お風呂を上がったら洗面台で歯磨きを・・・といったイメージでリフォームを行っていきます。

以前は賃貸用というと幅６００ミリの１面鏡で、お湯と水の水栓金具が別々についたツーハンドル式のものが主流でしたが、見た目上古いイメージがどうしても残ってしまいます。

そこで、私がよく使うのは、ＴＯＴＯやクリナップ等の７５０ミリ幅のシャンプードレッサーです。

これはネットショップ等で常時販売されているもので、価格は送料込みで約３万５千円程度です。私は最近、付き合いのある材木屋さんから安く仕入れています。

パナソニック製の750ミリ幅の
シャンプードレッサー

水道屋さんまたは設備屋さんにお願いすれば、発注量にもよるでしょうが、洗面台単体の依頼でも取り付け工賃が数千円程度、産廃処分も3千円程度で済みます。

通常の吐水とシャワーを切り替えられ、水栓の先端部は可動式で引き出すことも出来ます。もちろんワンレバー式の水栓で、機能面・デザイン面でも賃貸用としては申し分のないものです。

②洗濯機置き場

古い物件を買うと、室内に洗濯機置き場がないケースが多々あります。そんなときは、室内に洗濯機置き場を新設することをお勧めします。

入居希望者さんの95％以上はインターネットで物件を探しているので、もし、室内に洗濯機置き場がない場合、「有り」の条件で物件を検索している人には、永遠に自分の物件を認識してもらえないことになりかねません。

ベランダや外廊下に洗濯機置き場がある物件は、雨の日や寒い日に不便なため、人気がありません。ぜひとも、気をつけたいところです。

6000円程度で新設できる洗濯機パン

内装を工夫することで室内に洗濯機パンを設置した

③浴室

部屋がどんなにキレイでも、お風呂が古めかしいと選ばれにくくなります。

浴室がユニットバスではなく在来工法の場合は、水栓金具の交換、割れたタイルの補修・交換、目地のコーキング等の再施工を行います。

浴槽についても劣化していれば交換を行います。昔は、浴槽を交換せず浴槽用塗料による再塗装を行う場合もありましたが、コストと耐久性のバランスが悪く最近の脇田流では再塗装は行わなくなりました。

シャワーがついていない場合は、数千円のコスト増で済みますので、是非、サーモスタット付きのシャワー水栓を導入しましょう。

比較的新しいユニットバスの場合、水栓金具をサーモスタットつきの混合水栓に交換する程度で充分に競争力を保てると思います。

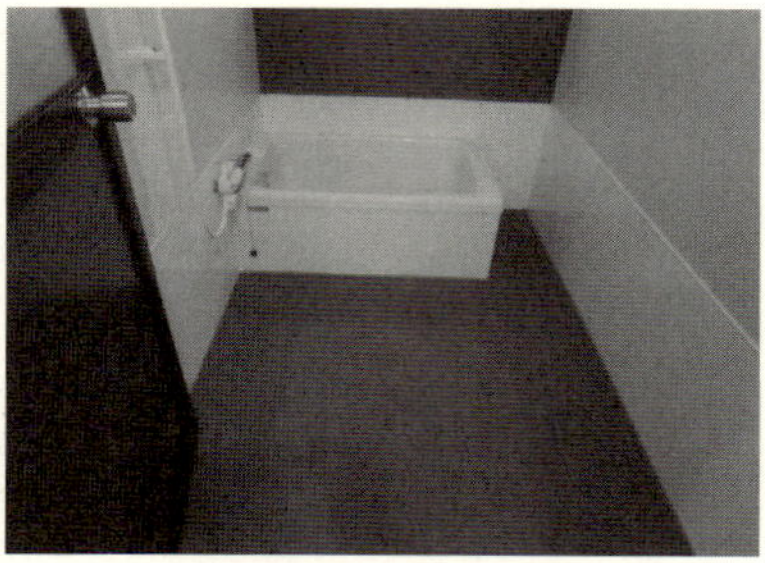

全体的に劣化が進み古めかしい浴室

シャワー付きサーモスタット水栓を設置し、壁、天井を塗装して刷新

経年劣化が進んだユニットバスの場合は、水栓金具の取替えに加え、壁面や天井・床面に水廻り用のダイノックフィルムを施工してイメージを一新させると良いでしょう。

木目調のものや石調のもの、シンプルな単色デザインのものなどバリエーションも豊富です。更に予算があれば、全身シャワーやレインシャワーなどを導入するのもお勧めです。

④トイレ

洋式トイレが導入されている場合は、便座やトイレットペーパーホルダー、タオル掛けを新しいものと交換するとイメージを一新できます。

これらの小物を交換するのは、トイレの床や壁をやり換えるタイミングがお勧めです。

今は賃料5万円未満の部屋であっても、温水洗浄便座の導入は必須です。

DIYが得意な方は自分でやる手もありますが、水道関係や電気関係等、後々トラブルが発生すると問題になる可能性がある箇所はプロに依頼しておいた方が安心です。私は設備屋さんに取付けをお願いししています。

リフォーム会社さんにお願いする場合は大体1台につき7千円～1万円程度になると思います。

パナソニック製の温水洗浄便座

空室募集にあたって、和式トイレは大幅な減点要因になってしまいます。

洋式トイレに交換するためのコストは、必要経費と割り切りましょう。

内覧に来られる方は、ほぼ必ずトイレの扉を開けます。

この時、和式でないことは当然として、もともと和式トイレだったことが容易にわかるような中途半端な洋式化リフォームも減点となります。

ここは多少のコストをかけて間取り変更を行ってでも、しっかりと現代風のトイレ空間を作ることが重要です。

大工仕事と配管工事・仕上げのクロス・クッションフロア施工・産廃処分と複数の職人さんにお願いする必要がある工事なので、価格はどうしても高くなってしまいます。

⑤流し台

キッチンの流し台は、女性が入居を決める際に重要視する部分です。ぜひ手を入れておきたい箇所の一つです。

機能的な問題はないけれど見た目上古く感じるというような場合は、ダイノックシートを流し台の扉面に施工すると良いと思います。

ダイノックシートは大きなホームセンターやネットで簡単に購入できます。施工がそれなりに難しいので、ＤＩＹの腕に自信のない方はプロにお願いするのが良いかもしれません。

ダイノックシートのデザインは、ケースバイケースではあるものの、原色系のオレンジ、レッド、イエロー、ブルーなど明るい色がお勧めです。

わずかな時間しかない内見時には、ホワイトなどの無難なカラーは入居希望者の印象に残りにくく、入居促進の効果が低くなるという問題があります。

その他の対策としては、水栓金具が古ければ、新しいワンレバー式の混合水栓に交換すると良いでしょう。

キッチンの劣化が激しく、水漏れなど機能面で問題がある場合は、新しいものに入れ替えることになると思います。

築古のアパートに多い「幅１７００ミリ×奥行５５０ミリ」くらいのサイズの物なら、ヤフーショッピングや楽天市場などで公団用の物を送料込み３万円～４万円程度で買うことができます。

取付工賃は発注量により幅がありますが、５千円～２万円程度かかるケースが多いようです。

キッチンは高いと思い込んでいる方が多いようですが、そんなことはありません。この程度の出費で１カ月早く空室が埋まるのなら、やらない手はないと思います。

古い吊戸棚にダイノックシートを施工

新しい公団用流し台とワンレバー水栓を導入

ポイント4　床、壁、天井のリフレッシュ

①クロスの張り替え

部屋全体に占める壁の割合は非常に大きいため、クロス（珪藻土、塗装を含む）の印象は、物件全体のイメージにも大きな影響を及ぼします。

割合が大きいということは「短時間の内覧でも目立つ」ということですから、しっかりと手を入れるようにしましょう。

タバコ汚れや日焼けの跡などが入居希望者さんの目に付かないよう清掃または交換しておくのは当然として、特に汚れがないような場合でも、一部または全部のクロスを替えることで、お部屋のイメージを一新することが出来ます。

★リビングや寝室

リビングや寝室のクロスを張り替えるなら、よくある白色ではなく、「腰壁調」のクロスを選択してみるといいと思います。

平凡な白色クロスの部屋ばかりを見学してきた入居希望者さんへのインパクトは大きいはずです。

腰壁調のクロスは単価が平米あたり400円程度上がりますが、施工費は通常と同じなので、1室当たりでは数千円から数万円程度の費用で済みます。

壁紙の張り替えを行う際、クロス職人さんやリフォーム会社さんに、「下部120センチは腰壁調の壁紙を使用してください」とお願いするだけです。

また、腰壁調のクロスは耐傷性に優れていますので、ペット可物件などにも適しています。

1部屋に1面のアクセントクロスを入れるだけで印象が大きく変わる

クロスを貼り替える際は、壁だけでなく天井にも施工すると良い

★水回り

洗面所やトイレなどの水回りには、白は白でも、エンボス（凸凹）加工の施されたタイル調の壁紙を使用するのがお勧めです。

ファミリー物件の場合、入居を決定する主導権は圧倒的に女性が持っています。デザインされた白色クロスで水回りの清潔感をアピールすることはきっと、成約率向上に貢献してくれるでしょう。

★古い物件の壁

いわゆる「○○荘」のような古い物件では、壁がクロスではなく土壁や繊維壁で仕上げてあるケースがあります。

これらはデザインクロスに変更することをお勧めします。

その際、リフォーム会社さんに、「この繊維壁をクロスにしてください」とお願いしてしまうと、まず大工仕事でボードを新設した後、クロス職人さんがその上からクロスを張ることになり割高になってしまいます。

コストを下げるコツですが、私が長崎でお願いしているクロス職人さんの場合、現行の繊維壁の上に一旦、樹脂で下地を作り平坦に均した後、その上にクロスを施工してくれます。

コストは下地代込みで平米1200円~2千円程度です。そのクロスの張替えも可能なので、特に中古物件のリフォームではお勧めしたい工法です。

賃貸物件の壁紙は白色が一般的です。しかし、実際に販売されている壁紙の種類には、何百・何千というバリエーションがあります。「腰壁」タイプや、「コンクリート打ちっ

床にタイル調のCFを貼るのも有効

木目調の腰壁アクセントクロス

コンクリート打ちっぱなし柄のアクセントクロス

ぱなし」柄、「麻布」「本革」「和紙」調のものまで揃っています。

今の入居希望者さんは、テレビのリフォーム番組や、新築マンションのチラシ等で日々新しいデザインの内装に触れていますから、賃貸物件といえども時代に合わないスタイルは敬遠されてしまいます。

サンゲツの「ファイン」や「リザーブ」というシリーズの見本帳をクロス屋さんに用意してもらうと、役に立つと思います。

②フローリング

クロスの次に室内の大きな面積を占めるのが床材です。

床は生活をする上で必ず触れる部分ですので、清潔感とデザイン性に優れたものにぜひ変更しておきたい箇所です。

具体的には、クロスとの相性を見ながらデザインを決めることになります。

★リビング

壁に腰壁調のクロスを施工した場合、腰壁部分は濃い茶色であるケースが多いので、床も濃い色を選択してしまうと部屋全体が重い感じになってしまいます（新しい物件の場合はこの重さが高級感につながることもありますが・・・）。

そんな時は、白系のフローリング材を選択すると良いと思います。

新築のマンションや注文住宅のパンフレットなどを参考に、床と壁とのコントラストを意識しながら内装のコーディネイトをしていくと良いでしょう。

★水回り

洗面所やトイレには、タイル調や、黒っぽい御影石調のクッションフロア、フローリングがお勧めです。

髪の毛などが目立ちにくく、先ほどクロスの項目で紹介したエンボス加工された白色クロスや、洗面台、トイレの便器などの白との相性も抜群です。

質感はフローリングの方が高いですが、トイレや洗面所など狭くて水気のある場所の場合、クッションフロアの方が施工性と耐水性に優れており、長い目で見ると原状回復時のコストを下げることができます。

2の知恵
大家さんからの「施主支給《せしゅしきゅう》」のコツ

「施主支給」とはリフォーム工事を行う際、現場で使用する設備や資材を職人さんやリフォーム会社さんに用意していただくのではなく、施主（大家さん）が直接購入して現場等へ搬入することです。

例えば洗面台や照明器具、インターホンやフローリング材などです。

「この品物を私の物件に取り付けてください」といった感じで職人さんやリフォーム会社さんに取り付け作業のみお願いします。

「施主支給」のメリットは何と言っても、施主の努力次第で設備品の購買価格を下げられるということです。私も初期の頃は安くリフォームを仕上げるために、「施主支給」を積極的に行っていました。

次のページ以降、施主支給の具体的な方法を紹介しますので、自分でもできそうなものがあれば、ぜひ挑戦してみてください。

施主支給を選ぶと時には自分で現場に運ぶことも必要になる

1 建物全般

①フローリング材【8千円〜9千円程度／坪、送料別途2千円程度】

フローリングは施主支給を行うことでコストを大幅に削減できる部材の一つですので、ぜひ、ネットショップなどを活用してやってみるといいと思います。

過去には坪5千円程度のものもありましたが、現在は部材が高騰しており、8千円を下回る金額で購入するのは難しくなっています。

12ミリ（厚み）×303ミリ（横）×1818ミリ（縦）サイズのフローリング

フローリング材のサイズには何種類かの規格がありますが、中古物件で大工さんへ施主支給を行う場合は、「12mm（厚み）×303mm（横）×1818mm（縦）」サイズのものを使用すると良いでしょう。

このサイズだと6枚で1坪になるため、大工さんの作業効率が高まります。

厚みについては、根太の上に直接施工する場合は必ず12mmのものを、根太とフローリングの間に一旦ボードを施工する場合や既存の床の上に増し張りする場合は、大工さんと相談の上、価格の安い6～9mm程度のリフォーム用フローリング材を使用しても良いでしょう。

フローリングは素人には同じように見えても様々な種類があります。

大工さんの意見も参考にしながら打ち合わせを十分に行い、施工性の良いものを選ぶようにしましょう。

②姿見（全身鏡）【1千円程度／1枚】

鏡は生活する上で必須ですが、意外と賃貸物件には取り付けられていません。

イケアやニトリに行くと多種多様な鏡が安価で販売されています。

大量に購入しておき、リフォーム工事のたびに大工さんへ「いつもの鏡の取り付けをお願いします」と依頼すると良いでしょう。

設置場所は玄関が良いと思います。

③照明器具　LEDシーリングライト【5千円前後／リモコン付／1基】

内見時の印象アップのため、最低でもリビングに1台はリモコン付のタイプを付けましょう。

光色を切り替えられるタイプが安ければ、そちらを選ぶと良いでしょう。

・スポットライト【2千円前後／ビーム球付／1基】

価格が安くて見た目もお洒落なイケアのスポットライトがお勧めです。引っ掛けソケット方式なので、電気工事士の資格がなくても施工可能です。

ダウンライトとスポット用のオシャレなライト

④火災報知機（煙&熱探知10年寿命）【1500円程度／1台】

ねじ釘で天井に取り付けるだけなので、1台数分で取り付け可能です。

施工は素人でもできますが、それなりに疲れるので、大工さんか電気職人さんへ施主支給して、空き時間に取り付けてもらうのが良いでしょう。

台所には熱感知タイプ、それ以外の場所には煙感知タイプになると思います。物件所在の地方自治体のルールに従って、設置場所を決定してください。

セキュリティに配慮された物件というアピールにもなる

⑤テレビカラーモニターホン【8千円~1万5千円程度/1台】

パナソニック製の録画機能付ハンズフリーカラードアホン（1万5千円程度）がお勧めです。

録画機能が必要でない場合は、1万円未満から購入可能です。他物件との差別化を考えると、受話器を持つタイプではなくハンズフリータイプを、モノクロ画面ではなくカラー液晶のものを選択したいところです。

施工は、電気職人さんへ施主支給し取り付けてもらいましょう。既存の配線が利用できる場合は10分程度で施工可能です。既存の配線がない場合は、配線の経路・長さによって施工時間は変動します。

⑥エアコン【5万円～8万円程度（6畳用）／1基】

パナソニック製の冷暖房エアコン（6畳用）が5万円～8万円程度で販売されています。取り付けは電気職人さんかエアコン専門の職人さんに依頼し1万2千円程度です。古いエアコンがある場合は、産廃処分業者さんに依頼します。

昔は無料で引き取ってもらえましたが、今は有料で処分する必要があります（5千円程度）。また、大家の責任として、代替フロン等の適正処分にも留意したいところです。

2 水回り

①台所用ワンレバー水栓金具【7千円～1万円程度／1個】

ワンレバータイプで、見た目上美しいフルステンレス製のものを選択すると良いでしょう。7千円程度からのことが多いようです。

台付きタイプ（床に取り付け）と壁付きタイプがあるので、施主支給する際には、給排水管職人さんに水栓のメーカー名と型番を伝えて、適合の可否を確認することをお勧めします。

一部に樹脂部品を使用した廉価版はホームセンター等で4千円くらいで買えますが、樹脂部分が黄色っぽく経年劣化するので、中長期的な原状回復コストが掛かります。

フルステンレスのワンレバー水栓

②洗面所【シャンプードレッサー／3万円程度（全国送料4千円別途）／1台】

TOTOやクリナップ製の750mm幅シャンプードレッサーが3万円程度で購入できます。

このタイプはシングルレバー水栓が予め導入されており、「吐水」と「シャワー」の切り替えも可能です。その上、ボール部分が樹脂製の物等もあり、割れにくく、将来の原状回復コストも抑制できます。

③洗濯機パン【6千円程度（トラップ込み）／1台】

古い物件の場合、そもそも室内に洗濯機置き場がないものや、給排水管はあったとしても、洗濯機パンが設置されておらず、機能面と見た目上の問題があるケースがよくあります。

この問題は、洗濯機パンを新規導入することで解決できます。

洗濯機パンは、６４０ｍｍ×６４０ｍｍサイズがトラップ込み６千円程度で販売されています。トラップは「横引き」と「縦引き」タイプがあるので、間違いのないよう、事前に給排水管職人さんへ確認することが必要です。

④洗濯機用オートストッパー水栓金具【2800円〜4500円程度／1個】

洗濯機パンと合わせて施主支給すると良いのが、洗濯機用の水栓金具です。

既存の蛇口が既に存在するケースが多いと思いますが、経年劣化でサビが発生していたり、見た目上古い印象がしたりする場合は、最新のオートストッパー機能付き水栓に取り替えることをお勧めします。

蛇口自体はホームセンター等で３千円程度から販売されています。

給排水管職人さんへ施主支給し、洗濯機パンの施工と同時に取り付けてもらうと良いでしょう。

便座＋便座のふた
【TOTO　TC290／TC291】

⑤温水洗浄便座【1万6千円程度／1台】

２０２４年現在、温水洗浄便座の価格は1万6千円程度（パナソニック製または東芝製）から販売されています。

通常の「便座＋便座のふた」と比較しても1万円程度しか変わらないので、賃料５万円未満の部屋であっても導入を検討すると良いと思います。

施工は給排水管職人さんか電気職人さんへ依頼して1台30分～45分程度です。トイレにコンセントがない場合は、同時に電気職人さんへコンセントの増設も依頼してください。

⑥トイレットペーパーホルダー（棚付き2連タイプ）【1800円程度／1台】

入居希望者さんの目に付きやすい部分なので、古い物は交換をお勧めします。

お勧めは、一般的な1連タイプではなく、２連の棚付タイプのものです。

購入は、楽天やＡｍａｚｏｎなどでＴＯＴＯ【ＹＨ６５０】・「リクシル紙巻器」や型番【ＣＦ－ＡＡ６４】等と検索し、まとめ買いしておくと良いでしょう。施工は自分で行うか、大工さんに頼めるようならお願いするのも良いでしょう。

施主支給はコストカットに大いに役立ちますが、施主支給を嫌がる職人さんも少なくありません。

お願いする場合には、引き受けてもらえて当然という考えではなく、「お手間をかけて恐縮ですが・・・」という謙虚な気持ちを忘れないようにしましょう。

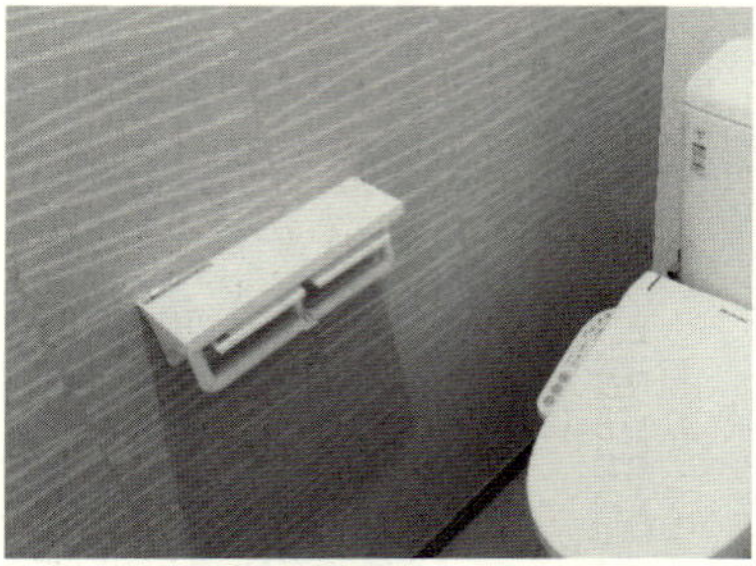
2連タイプの紙巻器は台のように使えて便利

3の知恵 リフォーム会社ではなく職人さんへ「直発注」する

1 経営者目線から考えるリフォームの効率と費用

「誰にどのようにリフォームを発注するのか？」は、物件の立地や入居付け、節税対策と同じくらい、場合によってはそれ以上に、中古物件投資を行う上で重要度の高いものです。

物件は購入した時点で、ある程度、将来の収入金額が決まります。

それは、物件の賃料や稼働率は普通に運営していれば一定の幅の中に収まることがほとんどだからです。だとすれば、既存の物件に限定して考える限り、利益を増やしていくためには、支出を減らすしかないのです。

そのためには、リフォーム会社ではなく、職人さんへ直に発注することが、有効です。

「リフォーム会社さん」と「職人さん」の違いがわかるでしょうか？

どちらも所有する物件の原状回復や修繕工事・大規模改修を行う際にお世話になる方々ではありますが、両者の間には実は大きな違いがあります。

2 「リフォーム会社さん」と「職人さん」への発注 それぞれのメリット・デメリット

まず、「リフォーム会社さん」ですが、実際に現場で作業をされる職人さんの取りまとめ役ともいえる存在です。

リフォームプランの企画立案を含め、実際に工事を行う各職人さんの取りまとめや工程管理を行ってくれるのが、リフォーム会社さんの役割です。

大家からみると、プランを決める以外は、基本的におまかせできるのがメリットです。

もちろんビジネスですので、リフォーム会社さんの利益分の手数料などは支払う必要があります。その分、投資家さんなら投資戦略や経営にまわす時間、自分の趣味の時間が作れますし、兼業の方は本業にできるだけ負担をかけずに済みます。

次に、「職人さん」に発注する場合です。

「職人さん」は実際に手を動かして工事を行ってくれる人で、大工さん、内装職人さん、給排水管屋さん、塗装職人さん、電気屋さん、美装屋さん・・・といった具合に多くの種類があります。

多くの場合、「一日いくら」の料金体系で仕事を請けてくれるのが特徴です。

「リフォーム会社さん」と「職人さん」とでは、仕事を依頼した際の料金体系が異なります。当然、職人さんへ直発注する方が、中間マージンが発生しない等の理由で価格は下がります。

私は中古物件のリフォームの際、職人さんに工事を依頼し、部材を施主支給することで、コストを抑えています。

しかし、自分で直接、職人さんに仕事を依頼するということは、リフォーム内容の企画立案や各職人の取りまとめ、工程管理も自分で行うということです。

当然、時間や手間もかかりますし、失敗した場合の自己責任の範囲も増えます。

このように、「直発注」は誰にでもできることではないかもしれませんが、大幅なコスト削減の効果があるので、やってみる価値はあると思います。

コラム　入居者がつかない・・・低品質コストカットで失敗！　にご注意

中古物件のリフォームにおいて、コストを可能な限り抑えることは、投資の成否を大きく左右します。

とはいえ、コストカットにばかり気を取られて、肝心の賃貸物件としての魅力が下がってしまうようだと問題です。

よくある失敗が、プラスチックを多用した水栓や金具を使うことです。

レバーや蛇口の部分が白やアイボリーのプラスチックを多用したローグレード品を選んでしまうと、いかにも安っぽく見えます。

さらなるコストダウンのためにツーハンドルの水栓を選んでしまうと、使い勝手も悪くなり、内見にきた入居者が敬遠する原因になりかねません。

数千円を節約したせいで入居者に敬遠されて、入居が決まらない…。

それではなんのためのコストダウンなのか、わからなくなってしまいます。

また、Ａｍａｚｏｎなどのネット通販を利用するときにも注意が必要です。

確かに、中国製などの格安製品は日本メーカー製の水栓やシャワーに比べて、価格が１／２から１／３のものもあり、デザインも悪くないことが多いです。

しかし、実際に買ってみた人から、「数年で壊れた」「交換部品が手に入らない」という話をよく聞きます。

そうなると、入居者さんからのクレームにつながりますし、それが続けば長期入居をさまたげる要因にもなってしまいます。

入居者を逃してしまうぐらいなら、思い切って一つ上のグレードや、信頼性の高いメーカーの商品を選ぶことも選択肢に入れた方が良いでしょう。

見た目と安さだけでは選ばないというマインドが必要です。

第6章

満室経営への道！ 遠隔・地方・中古アパート 「7つ」の管理術！

この章では、管理会社の選び方、満室経営の工夫、そして天災や入居者トラブルなどのリスクに備える方法等を紹介します。

不動産投資では、物件を見つけて、買って、リフォームするという過程がフォーカスされがちですが、それ以上に大切なのはその先の入居付けと管理です。

リフォームが完成した後は、できるだけ短期間でできるだけ良質な入居者の方に入っていただき、できるだけ長く住んでもらうことを目指します。

空室のアパートを満室にするまでは努力が必要ですが、軌道に乗れば、あとは安定的な家賃収入を得て投資金額を回収するステージに入ることができます。

もちろん、この段階でもいくつもの工夫が必要です。

長年の賃貸経営の経験から満室経営のコツを掴むことができた私の所有物件は、常に高い入居率を保っています。

具体的な内容をシェアしますので、ぜひ、参考にしてみてください。

1　「自主管理」か？　管理会社に「委託」か？

物件を買ってすぐ考えなければいけないことの一つに、自主管理をするか、管理会社に委託するかという問題があります。

自主管理には管理費を節約できるというメリットがある一方、入金管理や入居者からの連絡を直接受けることになる等、時間や手間が取られるというデメリットがあります。

遠隔地に物件がある方や、サラリーマン大家さんの多くは管理会社への委託を選ぶことが多いと思いますので、ここでは管理会社を選ぶ際のポイントをお伝えしていきます。

ポイント1　信頼できる担当者さんがいるか？

最も大事なのは、信頼のできる担当者さんがいるか？ということです。

「対応のスピードは速いか？」
「入居者さんからのクレームに素早く、的確に対処していただけるか？」
「約束したことを確実に履行してもらえるか？」

「有用な提案をしていただけるか？」

これらは、実際に管理をお任せしてみて、一定期間様子を見てみないと判断できない部分ではあります。

しかし、次のような調査をすることで、ある程度の情報を得られます。

・検討中の管理会社さんが管理している物件を見学させてもらう
・検討中の管理会社さんに既に管理をお願いしている他の大家さんの声を聞く

また、不動産会社の中にはいまだに電話とＦＡＸが中心のところがあります。メールやＬＩＮＥでの連絡ができるかどうかも、事前に確認したほうが良いといえます。

ポイント2　管理費の金額とサービス内容は適正か？

管理費の相場は家賃の５～10％程度です（空室時はゼロのことが多い）。

「管理」と一口で言っても、その内容は会社によってバラバラです。

管理費には物件の定期清掃を含むのか？　電球などの消耗品交換費は含まれるのか？　入居募集中の部屋の軽清掃を含むのか？　等を事前に確認する必要があります。

また、個人の管理会社さんで、「管理費は不要」というところがあります。

一見するとお得ですが、管理費を取らない代わりに、トラブルが発生した際の対応費やリフォーム代金が割高であるというケースも見られるので、事前に内訳を確認することが大切です。

ポイント3　ノウハウや具体的な情報を提供してもらえるか？

いかに有用な情報やノウハウを継続的に提供してもらえるのか？　ということも管理会社選定のポイントになります。

例えば空室が長引いた時に、「家賃を下げましょう」としか言わない会社さんもあれば、「この設備を入れていただければ決めます」とニーズに沿った提案をしてくれた上で、スピーディに決めてくれるような会社さんもあります。

また、管理している物件のオーナーと良い関係を築けている会社さんは、管理物件の売却を依頼されることも多いため、「こういう物件が売りに出る予定ですが、興味がありますか？」と声をかけていただけることがあります。

このあたりは実際にお願いしてみないとわからない部分ですが、長くお付き合いしていく上で非常に大切なポイントなので、ぜひ気にしたいところです。

2 「仲介営業マン」に自分の物件を優先的に扱ってもらう

管理会社さんの話をしたばかりですが、管理会社に全てまかせっきりという意識でいては、オーナー失格です。

やはりそこはオーナーである自分がリーダーシップを発揮して、管理会社の力を借りながら満室経営を実現するという意識を持つことが重要でしょう。

では実際に、どうしたらいいのでしょうか？

ここからは、入居募集の方法について説明します。

仲介会社の営業マンさんは、日々何十、何百という物件を扱っています。

2～4月の繁忙期ともなれば、朝から晩まで数え切れないほどの物件を案内するケースも珍しくありません。

そのような状況で、自分の物件を優先的に扱ってもらうためには、彼らに、「あなたの物件を優先的に扱いたい」と思ってもらえる大家になることが重要です。

その答えとして、6つのポイントを紹介します。

①賃料を相場の8割～7割に設定する

物件の賃料は、そのエリア毎に間取りや広さ・築年数などに応じて相場があります。通常は相場よりも〝高く貸す〟ために努力をするわけですが、私はその逆で、相場より低めの金額で入居募集を行うようにしています。

例えば、仲介さんが「一般的には5万円で貸せます」という物件であれば、あえて4万5千円で募集を行うのです。

当たり前ですが、競合と同等レベル以上の物件であれば、価格が低い方が案内からの成約率が上がります。

そして、どんな営業マンだって「案内すればすぐに申し込みが入る」物件を優先的に扱いたいものです。

その心理をついて、相場より安く提供するのです。

私の経験では、賃料相場が固まっていないケースが多い戸建等の場合は相場の7割、相場が固まっていることの多いアパートの場合は相場の8割程度の賃料を設定すると、最も費用対効果が高くなります。

ただし、この方法で募集を行う際は、あらかじめ入居者さんと交わす賃貸借契約書において、「短期解約違約金」の取り決めの特約を追加されることをお勧めします。

【短期解約違約金】

・本物件の賃料は借主が長期間の入居を約束することを前提に低く設定しているため、万が一、下記の期間内に、借主都合により本契約及び更新契約を終了する場合は以下の短期解約違約金を借主は貸主へ支払うものとする。

※短期解約違約金

①初回賃料発生日より6ヶ月以内の解約：賃料の4ヶ月分

②初回賃料発生日より1年以内の解約：賃料の2ヶ月分

③初回賃料発生日より2年以内の解約：賃料の1ヶ月分

②敷金・礼金を下げる

入居者さんが支払う初期費用が少ないほど、営業マンさんは入居を決めやすくなります。

私がお勧めするのは、【敷金ゼロ・礼金1ヶ月】です。

入居希望者さんにとってのハードルを上げてまで、将来返金しなくてはいけない敷金を預かるのであれば、多少成約率が下がったとしても、礼金という形で大家の収益にした方が良いと思うからです。

敷金を預かっていてもいなくても、正当な理由があれば、退去時に原状回復費の請求は行うのですから、個人的には、そもそもの物件価格が低い中古物件では特に敷金を預かることの意味はないように思います。

③「初期費用定額パック」キャンペーンを行う

「初期費用定額パック」とは文字通り、「入居者さんが支払う初期費用を予め定額にしてしまおう」という取り組みです。

入居希望者さんにとっては、最初に必要な費用が決まっているため安心感を得られるというメリットがあり、営業マンさんにとっては、物件を案内することが出来る入居希望者さんの層が広がるというメリットがあります。

この初期費用には、

・敷金
・礼金

・仲介手数料（本来入居者さんが仲介さんへ支払うもの。共益費等は除く家賃相当額）
・保証料（保証会社に支払う保証料を初回分のみ）
・入居者総合保険料（最初の1年分、約8千円のみ。2年目以降分は保険会社さんから入居者さんへ直接請求）

が含まれます。私の場合、お家賃は別途頂戴しています。

設定する金額については賃料の1ヶ月分程度が適当です。

まずは、「敷金ゼロ・礼金2ヶ月」程度で募集を行ってみて1ヶ月程度経過しても成約しない場合や、空室数が多く通常より強い入居促進効果を得たい場合などは、このプランを選択すると良いと思います。

④「埋めるため」の広告料を確認する

まず、営業マンさんへ「他の大家さんは平均何ヶ月分の広告料を支払っていますか？」と聞いてみます。地方の場合（札幌等の競争の激しいエリアを除く）、たいてい0・5ヶ月分～2ヶ月分くらいというケースが多いと思います。

次に、「私の物件を最優先で扱っていただくには何ヶ月分お支払いすればよろしいでしょうか？」と聞いてみます。そうすれば、「3ヶ月分いただければ最優先で動きます」などと具体的な返答を得られると思います。

ポイントは、ここで「変な話ですが、個人広告料と店舗広告料はどのように按分させていただけばよろしいでしょうか？」と打診してみることです。

そうすれば、「個人広告料をいただけるんですか!? ありがとうございます。うちの店舗は最低0・5ヶ月分いただければ問題ありませんので、それ以外にいくらか個人的にいただけるとありがたいです」などといった感じで話が進んでいくと思います。

広告料のトータル金額は、募集をお願いしている物件の競争力などに応じてケースバイケースで判断してください。場合によっては、個人広告料を支払うことを条件に、全体の金額を抑制することも可能だと思います。

⑤携帯電話を常時持ち歩く

営業マンさんからの電話にすぐに出られるようにしておくことは、大家としての基本マナーです。

例えば、営業マンさんが物件を案内中、「あと千円値引きしてくれたら入居したい」「テレビドアホンを付けてくれたら入居します」といった条件交渉が入ったとき、携帯ですぐに大家さんと連絡がついて、その場でOKを出せるか出せないかで、成約率に影響が出るからです。

⑥裁量権を渡しておく

とはいえ、「いつも携帯電話に出られる環境ではない」という大家さんもいます。

そんな場合は、営業マンさんに予め「裁量」を渡しておくといいでしょう。

「裁量」とは、例えば、入居希望者さんから家賃の減額交渉が入った場合、大家に連絡しなくても「最大2千円までは値引きに応じても良い」とか、「5万円までの設備については大家への確認不要で付けても良い」といった権限を予め渡しておくということです。

3 「空室が埋まらない」理由を具体的な数字に基づいて分析する

次に、私が実践している効果的な空室募集の方法をお伝えします。

退去に伴う通常の入れ替えの際の募集ではなく、ずっと募集を掛けているにもかかわらず、空室が１ヶ月以上発生した場合の対策です。

まず、「なぜ入居者が決まらないのか？」の原因を特定します。

最初は入居付けをお願いしている会社さんに、率直にアドバイスを求めましょう。その際、次の５つのポイントについて確認することをお勧めします。

①どのメディアに募集広告を出しているか？

通常、入居者募集を賃貸仲介さんへ依頼した場合、担当の営業マンさんが自社のサイトや、アットホーム・HOMES・SUUMO・CHINTAI等のサイトに物件情報を掲載してくれます。

まずは、自分の物件がこれらのサイトにちゃんと掲載されているかを確認しましょう。

入居希望者の95％以上がネットで物件を探している中で、このような代表的なサイトに自分の物件が紹介されていないのは致命傷になります。

掲載されていない場合は、すぐに営業マンさんへ連絡を取り、可能なものだけでもいいので掲載を依頼してください。

②そのメディアの反響は？

次に、「掲載されているメディアからの反響はどうか？」を担当の営業マンさんに確認します。

例えば、「スーモに掲載してもらっている僕の物件ですが、今週のページビューはどのくらいですか？」という具合です。

あわせて、「同一エリア内の競合物件と比較して多いか少ないか」についても確認します。ヒアリングの結果、明らかにページビューが少なければ、募集広告の内容に問題があると考えられます。

ページビューが少ないときは、以下の（a）～（c）の3つの点を確認すると良いでしょう。

(a) 賃料・共益費・敷金・礼金に競争力はあるか？

周辺エリアのよく似た間取り・築年数・設備の競合物件と比較して、自分の物件の募集条件が「適切な範囲内」に収まっているかを確認します。

どんなに良い物件でも、家賃が相場より高ければ、入居は決まりにくくなります。逆に、家賃設定さえ間違わなければ、入居者の確保はそう難しくはありません。

賃料が適正な範囲内に収まっているという前提で、サイト内の注目度を上げるためのテクニックをお伝えします。

ほとんどの検索サイトでは5千円区切りで家賃条件を検索できます。そのため、例えば3万円前後の賃料を設定したい場合、「3万千円」よりも「2万9千円」とした方が多くの人の目に触れます。

3万千円と設定すると、「2万5千円～3万円」で検索している入居希望者さんに、自分の物件が認識されません。

(b) 写真は掲載されているか？ 「住みたい！」と感じる写真か？

サイトに掲載する写真の撮影や選定を仲介の担当さんに任せきりという場合は、自分で撮影した写真やプロに撮ってもらった写真を提供しましょう。

カラフルな写真を1枚目に持ってくると閲覧数が上がると思います。

(c) 検索条件は正しく設定されているか？

私の経験上、多忙な営業マンさんに入力をまかせておくと、1ヶ所や2ヶ所の間違いは必ずあるものです。

ですから、間違いがないか丁寧にチェックして、見つけたらすぐに修正をお願いしてください。

また、「通常は礼金が必要だけれども、毎月の賃料を上乗せする場合は初期費用を免除する」というような特例がある場合は、両方のパターンをサイトに掲載してもらうようにすると更に露出度が高まります。

③店舗への来店数は？

「募集広告を出しているメディアの反響」がわかったら、今度は「店舗への来店数」を営業マンさんへ確認します。

「うちの物件を指名して来店された入居希望者さんは、今週は何人いましたか？」という形で、担当の営業マンさんに聞いてみましょう。

賃貸仲介さんの店舗では、私たち大家が想像している以上にシステマチックに情報管理がなされています。ですから、この数字もすぐに出してもらえるはずです。

同一エリア内の競合物件や過去の同時期のデータから判断して来店数が少なければ、募集広告に問題がある可能性が高いといえます。

その場合は、ここまでの対策を参考に、募集広告の見直しをしてみてください。

④物件の内見数は？

実際に入居希望者さんが物件を見学した数を確認します。

「物件の内見数」が少ない場合は、入居希望者さんが店舗にやってきてから、物件見学に出掛けるまでの打ち合わせ段階に問題があるのかもしれません。

その場合は、更に次の2点について、営業マンさんに確認してください。

ⓐ入居希望者に対して、自分の物件を見学に行くよう提案したか？

部屋探しのために不動産屋さんを訪れるのは、あらかじめ目当ての物件を決めて、「この物件を見せてください」という人ばかりではありません。

目当ての物件が決まっていない人に対して、「自分の物件を内見してもらえるかどうか」は、営業マンさんのトークにかかっているとも言えます。

ですから、「入居希望者に対して、自分の物件を見学に行くよう提案してくれたか？」を営業マンさんに確認することは、とても大切といえます。

「はい。皆さんに提案していますよ」という返答があれば問題はありませんが、そうでなかった場合にはなぜ勧めなかったのか？ を確認しましょう。

もしかすると、競合エリア内に、自分より多く広告料を出している大家さんがいるため、店舗としての「重点物件」になっていないのかもしれません。

賃貸仲介さんの店舗では、広告料の差等により、店舗として入居付けを行う際の優先順位が綿密に決められているケースが多いようです。

「賃貸仲介さんの店舗に自分の物件のチラシが貼りだされているか?」を確認してみてください。もし、自分の物件が店舗内の目立つ位置に貼りだされていない場合、その物件が、「営業マンが決めたい物件」になっていない可能性が考えられます。

(b)「自分の物件を見学しよう」と提案した時の入居希望者の反応は?

「私は入居希望者さんに物件見学を勧めたのですが、断られてしまいました」

という返事が返ってきたときは、その理由を営業マンさんに聞いてみます。

「特に悪い点はなかったのだけれども、なんとなくピンとこなかった」

というようなケースは見過ごせません。

特に悪い点はなかったということは、ちょっとした「写真の見せ方」や、物件の「アピールの仕方」がよければ、入居を決められたかもしれないのです。

⑤申し込まなかった理由は？

内見まで進んだのに「申し込み」に至らなかったという場合、必ず営業マンさんに「その理由」を尋ねます。

ここで得られた「入居者の声」を精査し、コストや手間を考慮しながら、効果的なものから順に改善していくことが、長期的な視点で物件の入居率を上げていくための一番の近道になります。

入居者の需要は年々変化していますから、必要なら、ある程度のコストをかけて新しい設備を導入することも検討しましょう。

例えば私は占有面積の狭い1Rや1Kのアパートに限っては、光ファイバーの会社と一括契約して無料のＷｉ－Ｆｉ環境を提供することが多いです。

狭いアパートは競合が多いため、差別化を図る必要があるからです。

それでも決まりが悪い場合は、大型テレビを壁に取り付けることもあります。

特に高齢者の方は家でテレビを見て過ごすことが多いので、新型の大型テレビがあることは、強いアピールになります。

このように、「申し込まない理由」を一つ一つ減らして、常に入居率を１００％に近づける努力をすることが大切です。

4 賃貸仲介さんだけではない！自分で「空室を埋める」テクニック

私の経験では、これまでの全入居者さんの約95％を賃貸仲介さんから紹介していただきました。このことは、とてもありがたく思っています。

しかし、それで安心するのではなく、大家としては様々な方法で入居者を募集する工夫が必要です。私がそのために実践していることを紹介します。

①入居者紹介クーポン

大家が退去者に「入居者紹介クーポン」を発行するという方法です。

「退去のご連絡ありがとうございました。最後に、このクーポンを進呈いたしますので、よかったらこのお部屋に、お友達やお知り合いの方をご紹介ください」といった感じで、退去予定の入居者さんにクーポンを渡します。

私はこの時の謝礼を家賃1～2ヶ月分に設定しています。

大学を卒業する学生が、後輩を紹介してくれるケースなどが期待できます。

②現地看板で入居者を募集

物件の接道部分や玄関扉などに、「ご入居者様募集中！　詳しくは090－＊＊＊＊－＊＊＊＊まで」といった看板や張り紙を掲示する方法です。

「息子が結婚することになったので、自宅の近くで物件を探していた」

「荷物が増えてきたので、倉庫代わりに使用したい」

というようなご近所さん需要が見込めます。


このときの注意点は、「家賃などの詳しい募集条件は記載しない方がいい」ということです。具体的な家賃を掲載してしまうと、アパートなどの場合、既存入居者さんとの間でトラブルの原因になる可能性があるからです。

③市役所へ営業活動

三つ目の方法は、主に低価格帯の物件で活用できる方法です。

物件所在の市区役所の生活保護担当部署へ行き、「私、〇〇で大家をしているものですが、私の物件の募集チラシを置いていただくことはできないでしょうか？」とお願いしてみるのです。

原則的に、各生活保護担当部署では入居者さんの斡旋はしていません。しかし、チラシを置くことは認めているところもあります。少なくとも私の場合は、快く承諾してもらえました。

その際、窓口の担当者さんへ「私は大家ですので、仲介手数料や保証会社の保証料は不要です。また入居者さんが加入される保険料も割安なので、初期費用を抑えられますよ」と伝えておくと良いでしょう。

5 どんな「入居者」をターゲットにするか？

どんな入居者さんに入ってもらうかは、賃貸経営でとても大切な要素です。

前にも述べましたが、私は入居者の方には基本的に家賃保証会社に入ってもらっています（逆に言うと、保証会社に通らない方の入居はお断りしています）。

家賃保証会社は、入居希望のお客さんの「年収」「勤務先」「勤続年数」などを総合的に判断し、家賃の支払い能力などを審査します。

さらには、「個人信用情報機関（ＣＩＣやＪＩＣＣなど）」にクレジットカードの支払い状況や、携帯電話の割賦販売における利用状況など、個人の信用情報を確認したり、「全国賃貸保証業協会（ＬＩＣＣ）」がデータベース化した、賃貸住宅の借主の申し込み情報や家賃の滞納履歴なども参考にしています。

外国籍の方、アルバイトの方、個人事業主の方でも過去に問題を起こしたことがなければ、問題なく審査に通ります。

このハードルを設けることで、不良入居者に遭遇する率を下げられますし、もし滞納や部屋の汚損があった場合でも、保証会社の保証で損失をカバーすることができます。

生活保護の方の入居について質問を受けることがあります。実は、私の物件の入居者さんのうち、約２割は生活保護受給者さんです。

住宅扶助の金額は、地域や世帯数などによって異なるのですが、生活保護の受給者は、原則としてこの住宅扶助の範囲に収まる家賃の住宅を選ぶことになります。

そのため、私は「この物件は生活保護受給者の方に好まれそうだな」というアパートについては、この金額の支給上限にあわせた値段設定をしています。

ちなみに住宅扶助で支給されるのは家賃のみで、共益費や水道代などは対象外です。

例えば住宅扶助費の上限が5万円の地域で家賃が4万8千円、共益費が2千円の場合、支給されるのは家賃の4万8千円のみということになります。


このように、生活保護受給者は大切な入居者候補なのですが、注意点もあります。「他の入居者の方に迷惑をかけてしまうリスク」や、「自殺のリスク」が高いと考えられる方も一定数いるため、そういう方の審査は慎重に行うということです。

この部分については管理会社の担当者とあらかじめ話し合い、共通の認識を持っておくようにしてください。

6 「保険」を活用して賃貸経営のリスクを減らす

不動産を所有する上でのリスクというと、火災を想像する方が多いと思います。しかし、実際にはそれ以外にも、「水災」「風災」「地震」、そして「自殺」「事故」といった様々なリスクが存在しています。

物件購入や入居付けの段階でできるだけリスクを減らすことも大切ですが、すべてカバーできるわけではありません。

しかし、過剰な心配も無用です。もし損失が出た場合にも、その多くは損害保険でカバーできるからです。

大家としてはこれらをうまく活用して、安定経営を目指すことが大切です。

損害保険をめぐる環境は年々変化しています。そのため保険会社選びが重要になってきます。

大手であっても「最近払い渋りが多いな」と感じる会社がある一方で、「契約者の立場に寄り添って約款通り支払うべき保険料は支払ってくれるな」という会社も当然存在します。

気候変動によるゲリラ豪雨・線状降水帯など、大規模災害が頻発しているため、損害保険会社も支払いに関して一昔前より相当程度シビアになっていますから、私たち投資家としては賢く損害保険会社選びを行う必要があります。

また、保険商品の内容についても様々な特約や補償がありますからよく調べた上で自分に合った特約を選択するようにしてください。

私が有用だと思う特約を後述しますので参考にされてください。

まず、家賃が払われなくなった際に補償を受けられる「家賃収入特約」というものがあります。

これは、事件や事故にともなう警察や消防の指示で、「建物への立ち入りが制限される」といった場合に、契約時に設定した期間の家賃を保険会社が補償してくれるというオプションが、月々数百円の掛金で付帯出来るというものです。

事件や事故の中には入居者さんの自殺や孤独死も含まれています。

また、「施設賠償責任特約」というものもあります。

これは、大家の管理不行き届きが原因で入居者がケガや後遺症を負ってしまったなどの場合に、その損害賠償費用を補償してくれるというものです。

例えば、アパートのタイルが剥がれて入居者の頭に当たってケガをしたというようなリスクをカバーしてくれます。

さらに、建物に付帯している「電気設備」や「給水設備」が電気的や機械的な故障によって損害が生じた際に、その費用を補償してくれる「建物電気的・機械的事故特約」というものもあります。

これは、「落雷」などで設備が故障した際に使うことができます。（経年劣化による故障には使えません）。

このように、近年の火災保険は多様な補償や特約を適切に付帯することで、賃貸運営上のリスクを大きく低減してくれます。

中には保険料が安くないものもありますが、補償内容と保険料を天秤に掛けた場合、入っていた方が断然マシであることは間違いないといえるでしょう。

私の場合、法人で物件を保有することがほとんどですので、民間の損保で加入していますが、個人保有の場合は「全労災」や「都道府県民共済」を検討されてもいいと思います。

リーズナブルな保険料で一定程度の補償を受けられます。

全労災で加入する場合は、自然災害特約を【エコノミー】ではなく、より補償が充実した【ベーシック】にすると、わずかなコスト増でより充実した安心を得られます。

7 日本では欠かせない「地震」への備え

また、地震についてもしっかりと備えておきたいものです。

耐震補強や屋根の軽量化等で物理的に備えていくことは当然としても、やはり最後に頼りになるのは保険です。

私の場合、不動産投資開始当初から、地震保険には100%加入することにしています。

民間の損保で契約する場合は通常、火災保険の50%までしか地震保険には加入できません。

その対策として、次のような対策を取っています。

・そもそもの火災保険の評価額を20~30%（保険会社による）任意で増額して契約しておく

・東京海上日動の「超保険」のようにオプションで地震保険を火災保険と同額まで加入できる特約を検討する

・「リスタ」のような少額短期の地震補償保険に別途加入する

私自身、保険にはこれまで何度も助けられました。

これらの保険やその特約については、損保各社によって違いがありますから、複数社の保険を比較することで、間違いのないリスクヘッジを行いたいものです。

第7章

不動産投資逆風の時代をどう戦うか？

急激なインフレと労働者の不足が、日本で大きな問題になりつつあります。

建設業と運送業において労働時間の上限が義務化されるいわゆる「2024年問題」が人件費をアップさせることは確実で、この件は不動産投資にも小さくない影響を与えるはずです。

また、これまで徐々に進んできた大都市への人口集中と地方の過疎化や高齢化という問題も、無視できないところまで来ています。

さらには、積極的な国の政策にもかかわらず、少子化に歯止めが効かないことも、日本の未来に暗い影を落としていると言えるでしょう。

そんな中、私たち不動産投資家は、どう対応すればよいのでしょうか?

1 普通の人が新築アパマン投資をできる時代は終わり？

日本は長かったデフレを脱却し、じわじわとインフレが進んでいます。食料や電気、水道、ガソリンなどの生活必需品はもちろん、私たち不動産投資家にとって重要な、不動産価格、建築資材、人件費なども軒並み上昇していますから、今後の投資で思い悩む方も多いのではないでしょうか。

では、インフレが今後も続いた場合、日本の不動産投資はどうなるのでしょう？

おそらく、大都市部の一般的な新築アパマン投資は、低利回りに一層拍車が掛かるため、いわゆる普通のサラリーマンが参入できる余地は減っていくと予想されます。

建築コストのインフレが今後も続けば、収益物件の平均利回りはより一層薄くなります。それなのに賃料相場がインフレに追従しなければ、いずれ投資そのものが成り立たなくなります。

将来の土地値がほぼ確実に上がると見込まれる、東京や大阪、名古屋などの大都市圏ならまだしも、これから地方でアパマンを新築するオーナーは、今後の運営や売却において、相当な苦戦を強いられることになるでしょう。

そうなると、地方におけるアパマンの供給数は頭打ちになり、市場はある程度落ち着く方向に向かうと予想されます。

もともと日本における不動産投資は、地主さんなどの資産家だけが行うものでした。新築アパマン投資に関していえば、そのような時代がまた来るのかもしれません。

2 地方の中古物件投資はどうなる？

では、地方の中古物件投資の未来はどうなるのでしょうか？

ネガティブな面がフォーカスされがちですが、私はポジティブとネガティブの両方があると考えています。

まずは、ネガティブな面から紹介します。

1）ネガティブな予想

先ほど述べたように、建設業界はこの先、3つの厳しい局面を迎えることになります。

①建築資材や人件費のインフレ

②職人や作業員の慢性的な不足

これらの要因により、リフォームコストが今後も上昇していくことは明白です。

木材が世界的な供給不足に陥った、いわゆる「ウッドショック」が一段落したにも関わらず、昨今の円安も重なり、建材の価格は以前の2倍近い水準から一向に下がっていません。

コストのかなりの部分をリフォーム代が占める地方の中古物件投資にとっては逆風であることに間違いありません。

③工期遅れによる収入減

職人さんの高齢化や若手の減少による現場の人手不足は、リフォームの工期遅れにつながります。

物件購入後のリフォームや退去後の原状回復など、工期の遅れは入居者募集の遅れとなり、その傾向は今後より深刻になるでしょう。

大家としては家賃収入のロスにつながりますから、ロスを吸収出来るくらいの安定的な実質利回りの確保が、これまで以上に課題となるはずです。

2）ポジティブな予想

次に、ポジティブな面をいくつか挙げてみましょう。

①中古物件の供給が増える

これまで住んでいた持ち家を手放して便利な中心市街地に引っ越したり、介護施設などに入居したりする高齢者の方が増えています。

特にコロナ禍以降、持ち家を処分する方が増えました。

私自身も相当な数の物件を購入していますが、この勢いは今後、さらに加速すると思われます。

私たち中古物件投資家にとって、より良質な物件をより安く購入出来るチャンスが増えると言っても、過言ではないと思います。

②賃貸や中古住宅のニーズが増える

資材価格の高騰や、人手不足による人件費の高騰によって、新築住宅の価格が年々上昇している一方、地方におけるサラリーマンの年収はそれほど増えていません。

住宅ローンの審査は比較的緩いものの、新築住宅を買えなくなる若い層は今後さらに増えることになり、ファミリー向けの賃貸や中古住宅のニーズが現在より増えると予想されます。これらの傾向は、リフォーム済み物件の賃貸や売却において有利となるはずです。

なお、地方の人口減による賃貸ニーズの減少を心配する方もいますが、供給数の少ない戸建に関しては値付けさえ間違わなければすぐに申し込みが入る状況が長く続いており、今後もその傾向は続くと思われます。

アパートに関しても、本書で紹介したように狭小の間取りをファミリータイプに変える、駐車場を確保するなどの工夫をすることで、入居者の需要を汲み取ることができます。

3）安く買えれば勝算は十分にある

では、ネガティブとポジティブのどちらが優勢なのか？というと、ポジティブな要素でネガティブな要素を払拭出来る、と私は考えています。

リフォームコストの上昇や工期の遅れも、物件をその分安く買うことが出来れば、そのマイナスをリカバーすることは十分に可能です。

カギとなるのは、相場より安い賃料でも問題なく運営できるように自分の物件を仕上げることです。

例えば、２ＬＤＫ程度の賃料相場がそのエリアで６万円だった場合、築古だけど広くてピカピカな戸建を５万円で募集すれば、入居付けに苦労することはなく、その先も長く住んでもらえます。

築年数は古いし階段立地だけれど、内装や水回りはピカピカで、インフラもしっかりと直してあり、広くて相場よりも安い。駐車場もある。

こうした物件を市場に提供することを常に心がけて、そこから逆算して物件を仕上げていくことで、安定的な賃貸経営を続けることができるはずです。

低利回りで資金繰りに苦労する大都市部のアパマンに比べれば、地方の中古物件投資の高利回りと分厚いキャッシュフローは、ネガティブ要素を吸収するマージンがまだまだ十分にあるのです。

そもそも、ラクして儲かる話は日本のどこにもありません。恐れるのではなく、迎え撃つ気持ちで、さまざまな局面を打開していきましょう。

あとがき

本書を最後までお読みいただきありがとうございました。

長崎でボロ物件投資をはじめて17年が経過しました。17年前は東京で会社員をしながら週末に長崎に通う生活でしたが、数年で東京での会社員生活を卒業し、専業大家となりました。

その後、法人を設立、物件が増えて業務量が増大するのに合わせて、現場監督や管理担当の社員を雇用するようになりました。

数年前からは、本業の傍らではありますが、長崎での不動産投資を始めたい方に向けた中古物件投資専門のコンサルティング事業(サポート事業)も始めさせていただきました。

きっかけは、「私も長崎で投資をしたい」「本業が忙しくても長崎に物件を取得する方法はありませんか?」という相談が増えたからです。

ほぼ任せっきりの自動操縦で、長崎の中古物件投資が可能ということで、多くの投資家さんに喜んでいただいています。

累計600世帯を超える物件を取得し、リフォームを行ってきた経験から見えてきたものがあります。

それは、表面利回りにとらわれすぎると長期的にはマイナスになるということです。

「この物件は10％の利回りです」と説明されて購入した物件が、10年後には7％や6％に落ち着くということが日常茶飯事で発生するのが不動産投資の世界です。

つまり、最初にしっかりとリフォームせずに力技で入居を決めても、長期間の入居にはつながりません。そして、一旦退去が発生すればリフォームコストも広告費もかかります。

私が投資をはじめた当初、こうした事例が多く発生しました。

「このままではいけない」と感じた私が始めたのが、最初にしっかりとリフォームを行い、一人のご入居者さんに15年入居してもらえる賃貸物件を作るということです。

それからは、床・壁・天井・水回りはもちろん、生活の質に直結する電気・ガス・上水道・下水道等のインフラにまでしっかりと手を入れることや、客付けの際には小さなお子さんのいる若いご夫婦に優先的に入居いただくことを意識するようになりました（お子さんの校区や交友関係がリセットされることを避けるために、お子さんの高校卒業までお住まいになられるケースが多くあります）。

この取り組みは的中し、私の管理する物件では15年を超える長期入居の方が多くいらっしゃいます。

通算17作目となる本書には、私のこれまでの長崎での投資のノウハウを余すことなく詰め込みました。

全国の各都市で不動産投資に取り組んでおられる方、これから取り組もうとされている方がゼロから人脈やノウハウを獲得し、新天地で投資活動を始めていくことはハードルが高いと思います。

本書が、中古物件投資に取り組む多くの投資家の皆様のお役に立つことを願っております。

最後に、この場をお借りして謝辞をお伝えしたいと思います。

これまで様々な形で私の不動産投資を導いてくださった、さくら事務所の長嶋修様・大西倫加様、健美家でコラムを執筆する機会をいただき多くの方々と知り合う機会を下さった健美家の創業者である萩原知章様、倉内敬一様、皆様のおかげで今の自分があります。改めましてお礼申し上げます。

また、今作も出版の機会を頂きました、夢パブリッシングの大熊編集長様、版元であるごま書房新社の池田社長様、ライターの加藤浩子様にもお礼申し上げます。

脇田 雄太

２０２４年12月吉日　長崎のリフォーム物件確認の休憩中に

著者略歴

脇田 雄太（わきた ゆうた）

元サラリーマン、現在は中古アパート・戸建て専門の大家さん。大阪・長崎2拠点の脇田雄太事務所代表。愛称は“ワッキー”
1977年生まれ。大阪府出身。立命館大学政策科学部卒。在学中、通商産業省（現：経済産業省）、日本アイ・ビー・エム株式会社にてインターン後、新卒でリクルートグループ入社。在職中の2007年、大阪府下に中古マンション1棟を購入したのを皮切りに、合計7棟32室の投資用物件を取得しセミリタイア、専業大家となる。
2009年に「脇田雄太事務所」代表として起業、大阪・長崎を拠点に活動中。投資規模としては、合計100室超の投資用物件を取得、家賃年収は5000万円（キャッシュフロー4000万円）を超えている。『日経マネー』『エコノミスト』などビジネス誌へのコメント実績多数、セミナー講師としても、全国賃貸住宅新聞社をはじめ多くのセミナーに招かれるなど人気を博している。
著書に『最新カラー版“5万円”以下の「ボロ戸建て」で、今すぐはじめる不動産投資』『“激安物件”から手取り年収4000万円!? ワッキー流“超”キャッシュフロー投資術』（共にごま書房新社）ほか、計17作執筆。

●脇田雄太事務所公式ホームページ　https://wakita.in
●長崎のボロ物件投資を楽しむ〈脇田雄太〉のブログ　※ほぼ毎日更新！
https://ameblo.jp/wakitayuta/
●脇田雄太のコラム
（国内最大級・不動産投資と収益物件の情報サイト『健美家』にて）
https://www.kenbiya.com/column/wakita
●大好評！ YouTubeチャンネル
『ボロ物件専門大家　脇田雄太【ワッキー】チャンネル』
https://www.youtube.com/@yuta_wakita

“総額800万円”からできる！
激安中古アパート投資術

著　者　脇田 雄太
発行者　池田 雅行
発行所　株式会社 ごま書房新社
〒167-0051
東京都杉並区荻窪4-32-3
AKオギクボビル201
TEL 03-6910-0481（代）
FAX 03-6910-0482
企画・制作　大熊 賢太郎（夢パブリッシング）
カバーデザイン　堀川 もと恵（@magimo創作所）
DTP　海谷 千加子
編集協力　加藤 浩子（オフィスキートス）
印刷・製本　精文堂印刷株式会社

ISBN978-4-341-08876-7 C0034

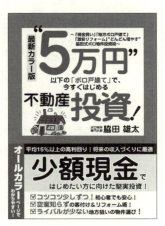